Clár Ábhair

Réamhrá 4

Buíochas 6

Brollach 9

Admhálacha 11

Foclóir Stairiúil na Nua-Ghaeilge: Cúlra 13
Úna Uí Bheirn

Foclóirí agus Foclóireacht na Gaeilge 22
Tomás de Bhaldraithe

Corpas na Gaeilge: Clár 39
Úna Uí Bheirn

An Ríomhoideas: Cur síos ginearálta 44
Ciarán Ó Duibhín

Aguisín 47

Réamhrá

Ón uair a cuireadh ar bun sa bhliain 1785 é, tá aistí léinn á bhfoilsiú agus scéimeanna taighde á rith ag an Acadamh. Níor bheag an chabhair a lán acu chun eolas agus tuiscint níos fearr a chur ar oidhreacht chultúrtha na hÉireann agus chun aithne bhreise a chur orainn féin mar náisiún. Brainse léinn amháin de chuid an Acadaimh a bhfuil gradam buan dó is ea an obair atá déanta faoina scáth ar fhoclóireacht na Gaeilge. Is mór an sásamh dom é baint a bheith agam leis an bhfoilseachán seo a leanann sa chonair chéanna sin.

Tá sa chorpas seo, ar chuma ar féidir iad a chuardach, formhór mór a bhfuil de théacsanna ar marthain sa Ghaeilge ó thosach an tseachtú céad déag go dtí deireadh an naoú céad déag. Aimsir shuaite ab ea í, agus is mó cor a chuir an saol de lena linn, pé acu an é saol na polaitíochta, saol na heacnamaíochta nó an saol sóisialta é. Athrú amháin a lean go dlúth de na hathruithe eile sin go léir ab ea an meath a tháinig ar an nGaeilge mar theanga labhartha. Tá suaimhneas agus dul chun cinn eacnamaíochta in Éirinn inniu nach bhfacthas a leithéid riamh cheana sa tír seo. Is cóir agus is ceart go mbeadh teacht gan dua ag Éireannaigh an lae inniu ar stór focal na ndaoine úd a bhí ag breacadh na Gaeilge nuair ba lú i bhfad a raibh de mhaoin an tsaoil acu. Fágann an foilseachán seo teacht a bheith ar an saibhreas sin acu.

Tá buíochas gafa in áit eile le líon mór daoine a bhfuil obair déanta acu le fiche éigin bliain anuas chun an saothar seo a thabhairt chun críche. Gabhaim féin buíochas ó chroí chomh maith leo, gan iad a áireamh arís ina nduine is ina nduine. Ba é mo dhearmad é, áfach, gan tagairt don chomaoin atá curtha ar an Acadamh acu siúd a thug comhairle straitéiseach nuair a bhíothas ina gátar le linn don fhoilseachán seo a bheith á bheartú. Ina measc siúd tá T.D. Spearman, E. Sagarra, T.K. Whitaker, M. Ó Murchú, P. Mac Cana, S. Páircéir, S. Ó Coileáin, T. de

Bhaldraithe, É. Ó hÓgáin agus Ú. Uí Bheirn. Is mór ag an Acadamh, leis, an chomhairle eolgaiseach a sholáthraigh Dr. Ole Norling-Christensen (An Danmhairg); Professor Antoinette di Paolo Healey (Ceanada); Professor P.G.J. von Sterkenburg (An Ollainn) agus Dr. Jonathan West (Sasana).

Ábhar misnigh do scoláirí na Gaeilge is ea é agus iad ag tabhairt faoi ghnéithe éagsúla den teanga a iniúchadh – an foclóir, an litriú, an chomhréir etc. – an corpas seo a bheith ar fáil mar áis taighde acu. Níos tábhachtaí fós, músclóidh sé agus buanóidh sé spéis na scoláirí agus an phobail sa Ghaeilge trí chéile. Ina pháirt féin den scéal, is rómhian le hAcadamh Ríoga na hÉireann an obair seo a chothú agus táthar ag súil le leanúint d'fhoclóir na Gaeilge a chur le chéile ar bhonn stairiúil.

Michael Ryan
Uachtarán.

Buíochas

Gabhann FNG buíochas le gach duine agus le gach eagraíocht a chuidigh leis an tionscnamh a chur chun cinn. Ní lú ár mbuíochas nach bhfuil gach ainm luaite anseo. Tá mórán acu ann a thug ábhar luachmhar, ach nach mbaineann an t-ábhar le tréimhse an chorpais seo. Gabhfar buíochas leofa as a n-ainmneacha amach anseo.

Tá comaoin faoi leith curtha orainn ag **CURIA**, a thug dúinn cóip ríomhraithe den chuid is mó d'**Annála Ríoghachta Éireann,** agus d'**Institiúid an Léinn Éireannaigh**, Ollscoil na Banríona, a thug dúinn cóip ríomhraithe de cheithre leabhar as **Sean-Tiomna** Bhedel agus de **Thiomna Nuadh** uilig Uí Dhomhnaill. Is túisce an corpas seo foilsithe, a bhuíochas sin orthu.

Tá mé cinnte go labhraim ar son bhuanfoireann FNG atá imithe nuair a thugaim aitheantas do Chomhairle an Acadaimh a sheas leis an tionscnamh, agus don Údarás um Ardoideachas a leanann á maoiniú. Tá súil agam gur luach saothair dá muinín foilsiú an chorpais seo.

Tá fios agam, ach oiread liom féin, gur ábhar bróid é dóibh siúd a d'imigh, go bhfuil áis taighde curtha ar fáil againn, mar aon le Ciarán Ó Duibhín, a rachaidh chun sochair go mór, ní hamháin do shaothrú na foclóireachta agus léann na Gaeilge, ach do léann na hÉireann i gcoitinne.

Tá mé faoi chomaoin go pearsanta ag mórán daoine a chuidigh liom an tionscnamh a thabhairt chun críche. Luaim na daoine thíos go háirithe:

Oifigigh agus Coiste Feidhmitheach an Acadaimh, a chuir muinín ionam an beart a dhéanamh.

Baill an Choiste Eagarthóireachta, go háirithe an tOllamh Seán Ó Coileáin, Cathaoirleach, a thug ciall nua don téarma "tacaíocht beolíne."

An tOllamh Máirtín Ó Murchú, a chuir comhairle orm agus a chuidigh liom ar bhealaí éagsúla i gcaitheamh na mblianta.

An Moinsíneoir Breandán Ó Doibhlin, An tAthair Anraí Mac Giolla Chomhaill, An tOllamh Pádraigín Ní Cheallaigh, Dr. Nollaig Ó Muraíle, a ndeachaigh mé i gcomhairle leo faoi conas pointí áirithe a láimhseáil.

Colm Lankford, Dr. Íde Ní Uallacháin, Eibhlin King agus Máiréad Seoighe, a d'fhreastail orm in am an ghátair.

Gearóid Ó Casaide, a rinne cóipeagarthóireacht ar an leagan Gaeilge den leabhrán agus den dlúthdhiosca.

Dr. Michelle O Riordan agus Dr. Micheál Ó Cearúil, a rinne béite-thástáil ar an dlúthdhiosca.

Dr. Máire Ní Mhurchú agus Dr. Diarmuid Breathnach.

Patrick Buckley, Rúnaí Feidhmitheach an Acadaimh, a ghlac an cúram air féin cead a lorg ó na foilsitheoirí atá luaite sa leabhrán, agus a réitigh an bealach dom nuair a d'iarr mé air é; Siobhán Fitzpatrick agus foireann na Leabharlainne, a chuidigh go mór thar na blianta; Léan Ní Chuilleanáin agus Roisín Jones, a rinne cóipeagarthóireacht ar leagan Béarla an leabhráin agus an dhlúthdhiosca; Wayne Aherne, ón Rannóg Teicneolaíochta faisnéise, a bhí i gcónaí cúntach foighdeach; Pauric Dempsey, a thug idir chomhairle agus spreagadh; Hugh Shiels, a chuidigh go mór i dtaobh na foilsitheoireachta de. Thug siad siúd uilig cúnamh praiticiúil, ach tá buíochas ó chroí ag dul uaim chomh maith do mo chomhghleacaithe eile san Acadamh, a chuir spéis san obair agus a mhisnigh mé. Lena dtacaíocht siúd, níor airigh mé go raibh mé ag treabhadh an iomaire go haonraic.

Dr. Ciarán Ó Duibhín.

Máire Nic Mhaoláin, a roinn i gcónaí a saineolas go fial liom.

Mo chairde uilig, nár thréig mé nuair ba dhiúltú a fuair siad, cheal ama.

Nár lagaí Dia iad.

Ba thionscnamh faoi leith é an ceann seo a tugadh dúinn in 1995 – nó fothionscnamh ba chirte a rá – cruthú chorpas téacsanna don tréimhse 1600–1882, a bheas mar amhábhar don Fhoclóir Stairiúil amach anseo. Ba é an Dr. Éamonn Ó hÓgáin a stiúraigh é agus a chuir chun tosaigh é go dtí 2002. Tugaim aitheantas don obair a rinne na hEagarthóirí Cúnta eile, an Dr. C. Nic Pháidín agus an Dr. D. Ó hAirt, le linn a dtréimhse ar an fhoireann.

D'oibrigh iliomad daoine go páirtaimseartha nó ar ghearrchonradh air, idir ionchuradóirí nó léitheoirí ag seiceáil cruinnis agus ag marcáil suas. Tá siad luaite sa liosta ainmneacha atá tugtha san Aguisín. Gan iad, níorbh ann don chorpas seo sa bhliain seo 2004 agus tá buíochas an Acadaimh tuillte go maith acu.

De thoradh ar an síorathrú foirne, áfach, fágadh go raibh neamhrialtacht sa mharcáil suas nó míthuiscint in amanna ar na treoirlínte. Tá tréaniarracht déanta an t-ábhar uilig a chur de réir a chéile, ach, gan amhras, beidh dearmaid ann go fóill agus neamhrialtachtaí a d'éalaigh uaim. Fáilteofar roimh cheartúcháin ar leathanach gréasáin an tionscnaimh ar shuíomh an Acadaimh ag http://www.ria.ie/projects/fng/cdrom.html.

Fáilteofar chomh maith roimh theidil théacsanna ba cheart a bheith san áireamh sa chorpas seo. Cuirfear iad leis an chéad eisiúint eile ón tionscnamh.

I ndeireadh na dála, áfach, ós orm a thit sé an corpas a thabhairt chun críche, is orm atá an fhreagracht as a bhfuil fágtha d'earráidí.

Úna M. Uí Bheirn
Eagarthóir
Foclóir na Nua-Ghaeilge.

Brollach

In 1773, d'fhoilsigh Major Charles Vallancey **A Grammar of the Iberno-Celtic or Irish Language.** Tamall gearr de bhlianta ina dhiaidh sin, in 1785, bhí sé ar dhuine de bhunaitheoirí Acadamh Ríoga na hÉireann, cumann léannta a bunaíodh faoi phátrúnacht Seoirse III chun staidéar na n-eolaíochtaí, na ndaonnachtaí agus na seandachtaí a chur chun cinn. Sa **Phlean Straitéiseach**, 2002, deimhníonn an tAcadamh an cuspóir céanna a bheith aige i gcónaí.

Ba é an Vallancey céanna a bhí ina idirghabhálaí ón Chevalier Tomás Ó Gormáin, Éireannach a bhí ina chónaí sa Fhrainc, agus a bhronn **Leabhar Bhaile an Mhóta** ar an Acadamh i mí na Bealtaine, 1785, a chuir tús le Leabharlann an Acadaimh. Is bailiúchán de théacsanna Gaeilge é, a bhfuil ábhar liteartha, ginealaigh, filíocht agus tráchtais dhlí ann. Dhá bhliain ina dhiaidh sin, ba é an fear céanna arís ba shiocair le **Leabhar Leacáin** a fháil ar ais ón Fhrainc, de thoradh ar an lorgaireacht a rinne an Chevalier Ó Gormáin. Bailiúchán ginealach agus staire is mó atá ann. In 1789, é féin a cheannaigh an **Leabhar Breac** don Acadamh. Ábhar creidimh is mó atá sa cheann sin.

Ní cás linn sa lá inniu gur ábhar scige é mórán dár scríobh sé faoin Ghaeilge agus an gaol a mhaígh sé idir í agus iliomad teangacha eile. Teoiricí gan bhun a bhí iontu. Dá ainneoin sin, is fiú suntas a thabhairt dá bhfuil ráite faoi ag Walter D. Love, in **Hermathena,** Iúil 1961, agus atá ríofa arís in **Beathaisnéis, 1782–1881,**[1] "The **Collectanea** and his other fanciful works have been forgotten and are utterly useless to modern scholars. But, should he not, funny old Quixote that he was, have some of the credit for the present possession of the Sebright manuscripts by

1 **Beathaisnéis, 1782–1881,** lch. 159, Máire Ní Mhurchú agus Diarmuid Breathnach. An Clóchomhar, 1999.

Trinity College? In all fairness, we must say yes." Is é a dhála sin ag Acadamh Ríoga na hÉireann. Ní in aisce atá a phortráid crochta i Seomra na mBall i dTeach an Acadaimh agus ní miste dó aoibh a chur air.

Sa lá inniu, taobh amuigh de lámhscríbhinní eile, tá os cionn 1,200 lámhscríbhinní Gaeilge i seilbh an Acadaimh, an bailiúchán is mó acu ar domhan.

Le foilsiú an chorpais seo, a dhéanann cúirtéis don fhocal chlóite – 7.2 milliún acu – deimhníonn Acadamh Ríoga na hÉireann a dhílseacht do léann na Gaeilge, agus a rún daingean tabhairt faoin chéad chéim eile den tionscnamh, sé sin, corpas den chineál a chruthú don 20ú haois.

Ní dair lánfhásta í an dearca go fóill.

Admhálacha

Gabhann Acadamh Ríoga na hÉireann buíochas leis na foilsitheoirí agus leis na daoine aonair liostaithe thíos as cead a thabhairt sleachta ar leo an cóipcheart orthu, a fhoilsiú. Rinneadh tréaniarracht gach úinéir a cheadú, ach má sáraíodh go hainneonach cóipcheart in aon chás, gabhtar leithscéal leis an úinéir agus iarrtar air teagmháil leis an fhoilsitheoir.

Cead tugtha ag:

Béaloideas
Catholic Record Society of Ireland
Clare Champion
An Clóchomhar
Clogher Historical Society
Coiscéim
Coiste Fhéilscríbhinn Thomáis de Bhaldraithe
Conradh na Gaeilge
Cork Historical and Archaeological Society
Cork University Press
Cumann Seanchais Ard Mhacha
Cumann Seanchais Uí Cinsealaigh
de Brún, Pádraig
Dundalgan Press
Educational Company of Ireland
Éigse
Études Celtiques
Flood, Dr. John & Mr. Phil
Franciscan Missionary Union
Galway Archaeological and Historical Society
Gill and Macmillan

An Gúm
Hermathena, TCD
Hodges Figgis
Irish Manuscripts Commission
Irish Rosary
Irish Texts Society
Kerry Archaeological and Historical Society
Louth Archaeological and Historical Society
Max Niemeyer Verlag GmbH
Meath Archaeological and Historical Society
North Munster Antiquarian Journal
Ó Cearbhaill, Pádraig
Ó Labhraí, Seosamh
Ó Raghallaigh, Eoghan
Oxford University Press
Revieú Mhá Nuad
An Sagart
School of Celtic Studies, Dublin Institute for Advanced Studies
Sign of the Three Candles
Studia Hibernica
St. Mary's University College, Belfast
Studies
An tUltach

Gabhann an tAcadamh buíochas chomh maith le clann Thomáis de Bhaldraithe as cead a thabhairt an léacht "Irish Dictionaries" a fhoilsiú.

Foclóir Stairiúil na Nua-Ghaeilge: Cúlra

Thosaigh ról Acadamh Ríoga na hÉireann i gcúrsaí foclóireachta na Gaeilge chomh fada siar le 1880 nuair a ceapadh an tOllamh R. Atkinson ina eagarthóir ar fhoclóir stairiúil an bhliain sin, ach ní raibh aon rath ar an obair agus ní dhearnadh aon dul chun cinn praiticiúil go dtí gur cuireadh Kuno Meyer i bhfeighil air in 1907. Mhol Meyer do Choiste an Fhoclóra i litir chuige ar an 4 Iúil 1907 "a comprehensive and as far as possible, exhaustive historical dictionary of the Irish language embodying the vocabulary of the Old, Middle and Early Modern periods."

Is faoi eagarthóireacht Carl Marstrander, áfach, scoláire óg Ioruach, a foilsíodh an chéad fhascúl den fhoclóir sin, in 1913, an litir **D–** chomh fada le **Degóir**. Níor foilsíodh an dara fascúl, an litir **E–**, go dtí 1932 agus lean na fascúil eile, faoi eagarthóireacht scoláirí éagsúla anuas go dtí 1975 nuair a tháinig sé chun críche le foilsiú **H–** agus le Nóta Stairiúil[1] ar an tionscnamh a scríobh an tEagarthóir Ginearálta deireanach, E.G. Quin. Bhí Quin i gceannas ar an tionscnamh ó 1953 go dtí an deireadh. Don té ar spéis leis guagacht na foclóireachta mar cheird, – cineál na hÉireann de, cibé ar bith – is fiú go mór dó an Nóta Stairiúil ag Quin a léamh.

Agus críoch curtha leis an **Dictionary of the Irish Language** (**DIL**), tugadh dioscúrsa ag cruinniú de bhaill an Acadaimh dár teideal, **Foclóireacht na Gaeilge – Cad tá le déanamh?** agus de thoradh air sin, sa Tuarascáil Bhliantúil de Irish Studies Committee an Acadaimh, 1974–75, ar faoina stiúir a bhí **DIL**, á fhoilsiú, bhí an méid seo, "A memorandum by D.W. Greene, *A Plan for Future Lexicographical Work in Irish*, was forwarded by the Committee to Council and approved on 17th February, 1975."

1 **Dictionary of the Irish Language**, Based mainly on Old and Middle Irish materials, Compact Edition, (1983) vi.

Sa phlean sin, mhol David Greene don Acadamh trí thionscnamh éagsúla a bheadh neamhspleách, ach gaolmhar dá chéile, ceann ar thug sé Luath-Ghaeilge air, ag freagairt do na tréimhsí aitheanta mar Shean-Ghaeilge (600–900) agus Meán-Ghaeilge (900–1200), an dara ceann Nua-Ghaeilge Mhoch nó Gaeilge Chlasaiceach (1200–1650) agus an tríú ceann, Nua-Ghaeilge ó 1650 i leith.

Ba é an ceann deireanach an ceann ba phráinní, dar leis, de bharr meath na gcanúintí sa Ghaeltacht, de thoradh, ní hamháin ar bhrú an Bhéarla, ach ar an tanú ar an fhoclóir a lean tréigean an tseansaoil thraidisiúnta. Ba í aidhm an **Dictionary of Modern Irish (DMI)**, nó **Foclóir na Nua-Ghaeilge (FNG)**, mar a baisteadh air ar ball, a bhfuil a maireann ón tréimhse iarChlasaiceach anuas go dtí an lá inniu, a thaifeadadh. Na modhanna a mhol sé:

(i) sleachta a bhaint as gach ábhar clóite, an litríocht iar-Athbheochana san áireamh.

(ii) sleachta a bhaint as lámhscríbhinní, a bhfuil na mílte acu ann (1,431 i seilbh Leabharlann an Acadaimh féin), chomh maith le bailiúcháin speisialta ar nós Cartlann na Lámhscríbhinní Béaloidis in UCD.

(iii) stór focal reatha na Gaeltachta a bhailiú trí cheistiúcháin agus obair pháirce.

D'aithin sé gur ghá foireann mhór le tionscnamh chomh huaillmhianach a chur i gcrích, ach go bhféadfaí dáileadh amach a dhéanamh ar chodanna éagsúla den tionscnamh chuig Rannóga Gaeilge na nOllscoileanna agus chuig Scoil an Léinn Cheiltigh den Institiúid Ard-léinn. Ligfí saor ar feadh tréimhse baill foirne dá gcuid le bheith ag obair ar an tionscnamh. Ba bheag scoláire óg, dar leis, a bheadh sásta a shaol oibre a chaitheamh go buan le foclóireacht, ach nár mhiste leis, b'fhéidir, tréimhse áirithe a chaitheamh ag gabháil di.

Ba fhoclóir stairiúil aonteangach a bheadh ann. "To use English would be justifiable only on the assumption that the Irish language would cease to be used as a language of culture in the near future, for one of the necessary requirements of a language of culture is a comprehensive dictionary in which no other language is used in the glossary and discussion of the material. The **DMI** (sé sin, **FNG**), should offer to the reader of Modern Irish as complete as possible a picture of the language from the 17th century down to the present day and should offer it in Irish alone."

Ansin, tagann sé chuig ceist foirne. Glacfaidh sé, dar leis, cúig scoláire déag lánoilte, mar aon le cúntóirí ríomhaireachta, na trí thionscnamh a chur i gcrích "within a reasonable period", ar chostas £80,000 sa bhliain (Eanáir, 1975.) Críochnaíonn sé an aighneacht:

> "The strongest argument for treating at least the **Dictionary of Modern Irish** as a matter of urgency is that Modern Irish is less adequately recorded than any other official European language, and indeed, less adequately than many languages which have no official status, such as Catalan and Provençal."

Chinn Comhairle an Acadaimh ar thabhairt faoi fhoclóir stairiúil na Nua-Ghaeilge a thiomsú agus ceapadh Tomás de Bhaldraithe mar Eagarthóir Ginearálta ar an tionscnamh, agus cuireadh tús leis le deontas de £5,000 ón Roinn Oideachais. Ceapadh cartlannaí agus cúntóir rúnaíochta in 1976.

Bhí Tomás de Bhaldraithe ina Ollamh le Nua-Ghaeilge sa Choláiste Ollscoile i mBaile Átha Cliath ag an am agus ina fhoclóirí aitheanta. Eisean a bhí ina Eagarthóir ar an **English-Irish Dictionary** ba dheireanaí a foilsíodh, in 1959, agus ina Eagarthóir Chomhairleach ar an fhoclóir **Foclóir Gaeilge-Béarla** foilsithe in 1977 ag an Ghúm, brainse foilseachán na Roinne Oideachais.

Le cúinsí maoinithe mar a bhí, ba í an straitéis a bhí ag de Bhaldraithe tosú go beag – cur leis an líon foirne de réir a chéile agus iad a oiliúint faoina stiúir féin, diaidh ar ndiaidh. Bhí iarracht á dhéanamh aige chomh maith an moladh faoi chomhoibriú a lorg ó na hOllscoileanna agus institiúidí eile a chur i gcrích agus fuair sé cuidiú nach beag ó thús ó Roinn na Ceiltise, Ollscoil na Banríona, Béal Feirste. Faoin am seo, bhí sé éirithe as mar Ollamh le Nua-Ghaeilge in UCD agus é anois ina Ollamh le Canúineolaíocht ann. Ba é a bhunaigh Cartlann na gCanúintí ansin, agus bhí leath a chuid ama á chaitheamh aige sa Chartlann agus an leath eile san Acadamh. Bhí tarraingt aige, ar ndóigh, ar ábhar na Cartlainne agus bhain tionscnamh FNG an-tairbhe as. Thosaigh sé ar an phleanáil ghearrthréimhseach agus ar an tslipeadóireacht. Faoi dheireadh 1977, bhí 22,000 slipeanna[2] sa bhailiúchán. Ní raibh ré na ríomhaireachta san fhoclóireacht tagtha go fóill.

In 1978–79, luíodh isteach ar shlipeadóireacht as liostaí focal, as foclóirí, as innéacsanna do théacsanna Nua-Ghaeilge, agus faoi dheireadh na bliana, bhí an bailiúchán méadaithe go dtí 108,000 slipeanna. Mhéadaigh an fhoireann chomh maith, nuair a ceapadh Eagarthóir, in 1979, agus ansin, Eagarthóir Cúnta in 1980. Bhí an chuma air ag tús na n-ochtóidí go raibh borradh nach beag ag teacht faoin tionscnamh. Cuireadh tús leis an tsraith monagraf faoi scáth an Fhoclóra – **Deascán Foclóireachta** – faoi eagarthóireacht ghinearálta de Bhaldraithe, agus é féin a thiomsaigh an chéad imleabhar de, ***Innéacs Nua-Ghaeilge don "Dictionary of the Irish Language"***.

Ba le foilsiú an dara himleabhar sa tsraith, **Deascán Foclóireachta**, ***Liosta Focal as "Idir Shúgradh agus Dáiríre"***, le Séamas Ó Murchú a leagadh síos an eiseamláir don chuid eile den tsraith, sé sin, go mbeadh inti liosta de na focail is de na leaganacha 's de na bríonna ag gnáthfhocail nach luaitear i bhFoclóir Gaeilge- Béarla Uí Dhónaill. Ba é an cuspóir a bhí leis an tsraith seo, ar ndóigh, an líon ábhair ó bheochaint na Gaeltachta a mhéadú do FNG. Idir 1984 agus 1989, foilsíodh sé imleabhar eile, ceann an duine ó

2 Tugann foclóirithe 'slip' ar an taifead páipéir a choinnítear de shliocht as téacs nó de fhrása a léiríonn go beacht ciall ceannfhocail áirithe.

gach ball den fhoireann eagarthóireachta, a bhailigh nó a chíor bunábhar ó Ghaeltachtaí – Corca Dhuibhne, Gaillimh, Ros Goill, Uíbh Ráthach, na Déise, Teileann.

San iomlán, foilsíodh na teidil seo a leanas:

1. Tomás de Bhaldraithe: ***Innéacs Nua-Ghaeilge don "Dictionary of the Irish Language"*** 1981.
2. Séamas Ó Murchú: ***Liosta Focal as "Idir Shúgradh agus Dáiríre"***, 1982.
3. Éamonn Ó hÓgáin: ***Díolaim Focal (A) ó Chorca Dhuibhne***, 1984.
4. Tomás de Bhaldraithe: ***Foirisiún Focal as Gaillimh***, 1985.
5. Leaslaoi U. Lúcás[3]: ***Cnuasach Focal as Ros Goill***, 1986.
6. Caoilfhionn Nic Pháidín: ***Cnuasach Focal ó Uíbh Ráthach***, 1987.
7. Diarmaid Ó hAirt: ***Díolaim Dhéiseach***, 1988.
8. Úna M. Uí Bheirn: ***Cnuasach Focal as Teileann***, 1989.

Bhí an bhéim seo ar an bheochaint ag teacht leis an mholadh ó David Greene faoi bhailiú foclóra reatha na Gaeltachta.

Go luath in 1982 fuarthas ríomhaire ALTOS, togha ríomhaire san am, a dúradh, le hacmhainn 40mb agus trí theirminéal bhalbha ceangailte leis. Fostaíodh an tríú cúntóir rúnaíochta faoin scéim taithí oibre a bhí ann ag an am agus tosaíodh ar théacsanna a ionchur ar ríomhaire.

Tharla tubaiste nach beag, roinnt míonna roimhe sin, ní hamháin don Fhoclóir ach do Léann na Gaeilge i gcoitinne le bás tobann David Greene, i Meitheamh, 1981. Bhí sé ina iar-Uachtarán ar an Acadamh, ina dhlúthchara ag de Bhaldraithe agus ina chrann taca don tionscnamh taobh istigh den Acadamh. Sna focail ómóis dó a scríobh de Bhaldraithe i dTuarascáil Bhliantúil an Acadaimh, 1981–82, deir sé, "The decision to undertake Foclóir na Nua-Ghaeilge, and the success in funding the project, were due to a great extent to David Greene's efforts."

---

3 Cé nár bhall é den fhoireann *per se* Leaslaoi Lúcás as Ollscoil na Banríona, ar as Ros Goill i nDún na nGall ó dhúchas dó, chuidigh sé leis an tionscnamh óna thús.

Níor cuireadh isteach ar an tionscnamh sa ghearrthréimhse, áfach. Bhí méadú ar líon na slipeanna go 297,000 faoi dheireadh 1982.

Faoin am seo, ag tarraingt ar dheireadh na n-ochtóidí, áfach, in ainneoin na táirgiúlachta, bhí comharthaí sóirt ag an tionscnamh go raibh rudaí ag dul in aimhréidh, de bharr cúinsí ón taobh amuigh, chomh maith le taobh istigh. Tá miontuairisc spéisiúil i dTuarascáil Bhliantúil Choiste Náisiúnta Léann na Gaeilge de chuid an Acadaimh, don bhliain 1988–1989. "Tugadh faoi thuarascáil a chur le chéile a léireodh tionchar na gciorruithe airgeadais ar léann na Gaeilge sna hinstitiúidí a bhfuil ionadaithe acu ar an gCoiste." Bhí an *malaise* forleathan. Tháinig deireadh le tréimhse cúntóra eagarthóireachta ar an tionscnamh, agus níor athcheapadh é, cheal airgid. Cuireadh deireadh le scéim scoláireachta a bhí i bhfeidhm ó 1981 a chuir ar chumas scoláirí óga fuinniúla tréimhse a chaitheamh ag saothrú na foclóireachta, faoi mar a bhí molta ag David Greene.

Is sna hochtóidí fosta a d'athraigh cur chuige na foclóireachta ó bhonn mar cheird, ar fud an domhain. Tréigeadh modh na slipeadóireachta go forleathan agus luíodh isteach ar chorpas téacsanna a ionchur ar ríomhaire ina áit. Bhí an dá mhodh á n-úsáid, áfach, ar FNG ar feadh na n-ochtóidí, le triúr ag obair ó 1982 i leith ag ionchur téacsanna, roghnú den litir **A–** den chuid is mó de. Diaidh ar ndiaidh, bhí an córas slipeadóireachta á thréigean go dtí, sa deireadh, nár cuireadh ar shlipeanna ach ábhar as irisí nó páipéir nuachta, etc. nach raibh bealach sásúil ann lena láimhseáil ar ríomhaire, ach lean ábhar ag teacht isteach ar shlipeanna ó bhailitheoirí seachtracha.

Anonn in 1981 tosaíodh ar dhréachtú an fhoclóra féin ar bhonn trialach agus lean sin ar aghaidh a fhad is bhí bailiúchán ábhair á thiomsú. Ansin i mí Bealtaine 1984, cinneadh ar an foclóir a fhoilsiú i sraith fascúl agus as sin ar aghaidh luíodh isteach i gceart ar dhréachtú an fhoclóra – foclóir stairiúil tuarascálach – mar a bhí molta. Méadaíodh ar an líon eagarthóirí tamall gearr roimhe sin nuair a ceapadh beirt Eagarthóirí Cúnta eile in 1982, agus leis an mheitheal seo, leanadh ar dhréachtú an litir **A–**, anuas go dtí 1994. D'éirigh Tomás de Bhaldraithe as a chúram eagarthóireachta ag deireadh na bliana sin, gan de shásamh aige toradh a shaothair a fheiceáil i gcló. Ag an phointe sin, bhí an dlaoi mhullaigh curtha ar os cionn 4,000 alt (**a-** > **ain-**), agus garbhdhréacht déanta ar 2,000 eile (**aio-** > **altú**). Bhí an dréacht sin bunaithe ar scagadh a rinneadh ar 2,350 foinsí, roghnú den litir **A–** ba ea a bhformhór.

Féach samplaí den dréacht sin, ar shuíomh an Acadaimh, http://www.ria.ie/projects/fng/reamhra.html.

Bhí an bailiúchán slipeanna méadaithe go dtí c 1,000,000 faoin bhliain sin.

Ba dheireadh ré é imeacht de Bhaldraithe. Rinneadh athbhreithniú ar chur chuige an tionscnaimh in 1994 i bhfianaise an ama a bhí caite air cheana, agus, de thoradh air sin, socraíodh ar an dréachtú a chur i leataobh go fóill. Ba é an cuspóir a bhí le bheith ag FNG feasta ná "the creation within the next seven years of a computerised dictionary archive for Modern Irish."

Tá an chéad toradh air sin á chur ar fáil anois, sé sin, corpas ábhair chlóite don tréimhse 1600–1882.

Buanfhoireann

Tomás de Bhaldraithe, Eagarthóir Ginearálta, páirtaimseartha 1976–86; lánaimseartha 1986–94

Séamas Ó Saothraí, Cartlannaí, 1976–82

Éamonn Ó hÓgáin, Eagarthóir, 1979–2002

Caoilfhionn Nic Pháidín, Eagarthóir Cúnta, 1980–98

Diarmaid Ó hAirt, Eagarthóir Cúnta, 1982–2002

Úna Uí Bheirn, Eagarthóir Cúnta, 1982–2002; Eagarthóir, 2002 –>

Marian Ní Chíobháin, Cúntóir Rúnaíochta, 1976–79

Áine O'Connor, Cúntóir Rúnaíochta, 1978–81

Máire Ní Dhálaigh, Cúntóir Rúnaíochta, 1979–96

Cáit Ní Chonaill, Cúntóir Rúnaíochta, 1982–2000

Karl Vogelsang, Cúntóir Rúnaíochta, 2000–02

Ar conradh

Máirín Ní Dhonnchadha, Eagarthóir Cúnta, 1983–85

Seán Ua Súilleabháin, Eagarthóir Cúnta, 1984–85

Seán Ó Cearnaigh, Eagarthóir Cúnta, 1986–90

Eilís Ní Bhrádaigh, Eagarthóir Cúnta, 1986–95

Gearóid Mac Duinnshléibhe, Cúntóir Eagarthóireachta, 1993–99

Ríomhaireacht

Is é an Dr. Ciarán Ó Duibhín, iarléachtóir le Ríomheolaíocht in Ollscoil na Banríona, Béal Feirste, atá mar chomhairleoir ríomhaireachta don tionscnamh ó 1983 i leith. Taobh amuigh de phacáistí tráchtála ar nós Microsoft Office, Ultraedit, etc., is eisean a scríobh na bogearraí a d'úsáid FNG le fiche bliain anuas agus atá freagrach as taobh na ríomhaireachta den dlúthdhiosca.

Ó na luath-ochtóidí ar aghaidh, fuair an tionscnamh comhairle nach beag chomh maith ón Ollamh Jack Smith, Cisteoir reatha an Acadaimh agus iarCheannasaí na Roinne Ríomheolaíochta, Ollscoil na Banríona.

Tá FNG fíorbhuíoch den bheirt acu.

Tá buíochas ag dul fosta do Michael Doherty, iar-Leas-Stiúrthóir ar Sheirbhísí Ríomhaireachta i gColáiste na Tríonóide, Baile Átha Cliath, a thug comhairle agus cúnamh ríomhaireachta don tionscnamh le linn na n-ochtóidí. *Inter alia*, shábháil sé deascán téacsanna don tionscnamh ar rugadh istigh orthu nuair a d'éag an córas ríomhaireachta Altos faoi dheireadh in 1989.

Coiste Eagarthóireachta, 1996 –>

Is é an Coiste Eagarthóireachta a stiúrann polasaí an tionscnaimh agus a chuireann comhairle ar na hOifigigh agus ar Chomhairle an Acadaimh ina thaobh. Is iad na baill de:

An tOllamh Michael Herity, Uachtarán an Acadaimh, 1996–99

An tOllamh David Spearman, Uachtarán an Acadaimh, 1999–2002

Dr. Michael Ryan, Uachtarán an Acadaimh, 2002 –>

Dr. Eoghan Mac Aogáin, Coláiste Phádraig, Droim Conrach
Dr. Liam Mac Mathúna, Coláiste Phádraig, Droim Conrach
An tOllamh Séamas Mac Mathúna, Ollscoil Uladh, Cúil Rathain
An tOllamh Seán Ó Coileáin, Ollscoil na hÉireann, Corcaigh (Cathaoirleach)
An tOllamh Cathal Ó Háinle, Coláiste na Tríonóide
An tOllamh Ruairí Ó hUiginn, Ollscoil na hÉireann, Má Nuad
An tOllamh Breandán Ó Madagáin, Ollscoil na hÉireann, Gaillimh
Dr. Nollaig Ó Muraíle, Ollscoil na Banríona, Béal Feirste
An tOllamh Seosamh Watson, Ollscoil na hÉireann, Baile Átha Cliath.

Foclóirí agus Foclóireacht na Gaeilge

Cé go bhfuil sé os cionn míle bliain ó tosaíodh ar fhoclóirí Gaeilge a dhéanamh, tá réimsí móra den fhoclóireacht nár saothraíodh ar chor ar bith fós. Dá thoradh sin, bíonn focail nach bhfuil sna foclóirí le cloisteáil go coitianta sa Ghaeltacht, agus fiú amháin sa chaint ag lucht foghlama mar muid féin. Ní focail theicniúla ná aduaine atá i gceist, ach focail ag baint le gnáthchúrsaí an tsaoil, chomh maith le hiliomad bríonna is leaganacha ag baint leo. Ina theannta sin, is beag an chabhair na foclóirí atá againn don té ar mhaith leis stair na bhfocal coitianta a chur le bonn. Níl aon fhoclóir againn a d'fhéadfaí a chur i gcomórtas le *The Shorter Oxford Dictionary* ní áirím *The Oxford English Dictionary*.

Ní heol dom ach oiread gur scríobhadh aon fhocal de rath i dtaobh stair na foclóireachta Nua-Ghaeilge, ná i dtaobh na foclóireolaíochta agus an Ghaeilge, cé gur rinneadh léirmheastóireacht éigin ar fhoclóirí áirithe nuair a foilsíodh iad. Ach ba bheag di sin a rinneadh ar bhonn ginearálta eolaíochta na foclóireachta. Séard a bhí sna chéad "fhoclóirí", tiomsú le chéile de ghluaiseanna a bhí ann cheana féin, agus a bhain le seantéacsanna dlí, scéalta Rúraíochta, beathaí naomh, agus a leithéidí. Ar an gceann is sine acu sin a tháinig anuas chugainn, tá ceann a dtugtar Gluaisre Uí Mhaolchonaire anois air, toisc gurbh é Seán Ó Maolchonaire a d'athscríobh an chóip is sine di dá bhfuil againn. Ainm mí-oiriúnach é sin air, mar ba sa 16ú haois a rinne sé sin, agus de réir mar a léirigh Eoin Mac Néill, ba san 8ú nó 7ú haois féin a céadscríobhadh cuid mhór di.

Bhíodh an-tóir ag lucht léinn na hÉireann ar shaothar Iosadóir (c 560–636), easpag Sevilla, fear a scríobh sraith leabhar (*Etymologiarum Libri*). Cineál ciclipéide a bhí sna leabhair sin. Chuaigh saothar Iosadóir i bhfeidhm go háirithe ar thiomsaitheoirí gluaisrí agus lean siad dá mhodhanna foclóireachta is dá nósanna sanasaíochta. Tuairim is ocht gcéad alt atá i nGluaisre Uí Mhaolchonaire. Uaireanta, ní dhéanann an gluaiseoir ach focal ar chomhchiall leis an gceannfhocal a thabhairt.

Uaireanta eile, is míniú sa Ghaeilge nó sa Laidin atá aige. Ach i gcásanna eile, déanann sé iarracht ar bhunús an fhocail a aimsiú san Eabhrais, sa Ghréigis, nó sa Laidin, e.g.:

> esconn, cen chonn; escara .i. ní cara. cara *a caro*; fec, *quia figitur terra;* fili, *graece a filei*, *amat dicitur* .i. seircid foglamo; fairrge, .i. '[a] *fervore* .i. ó bruth.'

Ba ghnáthnós aige, mar ba ea freisin ag Iosadóir, féachaint leis an bhfocal a dhealú ina mhíreanna beaga, ag samhlú go mba chomhfhocal ó bhunús é agus go raibh brí ar leith ag gach aon mhír, e.g. iathlu .i. eitti-lu .i. bec a eti. (iathlu – 'sciathán leathair)

Uaireanta eile téann sé i muinín na Laidine agus an miondealú á dhéanamh aige, e.g. 'eochur .i. 'eo' ní is dírech, 'cor' *a curvo* .i. crommdíriuch ind eochair.'

Sanasán cáiliúil eile ón seanreacht is ea **Sanas Chormaic.** Cormac Mac Cuileannáin, rí is easpag i gCaiseal Mumhan a cailleadh sa bhliain A.D. 908 atá i gceist agus níl aon chúis nach gcreidfí gurbh é a thiomsaigh. Tá dhá oiread alt aige ann agus atá sa cheann thuas. Leanann sé na modhanna céanna, sa chaoi go bhfuil cuid de na mínithe cruinn simplí (e.g. tort .i. bairgen), agus cuid den tsanasaíocht freisin (e.g. lebar, *quasi* libor *libro*), ach ansin tá an miondealú áiféiseach freisin ann, e.g.

> 'bás .i. beo-as .i. as téit in beo,' 'Góidelg .i. guth Elg .i. guth Érendach, ar atá an t-ainm sin for Éirind.'

Rinneadh roinnt gluaisrí eile den chineál céanna ar cuireadh cuid acu i gcló ón aois seo caite anuas.[1]

Sanasán Mhichíl Uí Chléirigh

Ba é sanasán Mhichíl Uí Chléirigh an t-aon cheann amháin a cuireadh i gcló le linn don údar a bheith fós ina bheatha, sa bhliain 1643. Níl ach cúpla cóip den chur amach sin ar fáil anois, ach tá eagar nua[2] air i gcló in *Revue Celtique* IV, V (1879–1883). Deir sé féin linn gurb é atá san fhoclóir "cáil éigin d'fhoclaibh cruaidhe na Gaoidheilge" agus gurb é an

---

1 E.g. Ceann Dháibhí Uí Dhuibh dá Bhoireann in eag. ag Stokes in *Arch.f.c.Lex.* II.

2 Rinne Stokes riar maith ceartúchán ar an eagar sin in *Arch.f.c.Lex.* I.

cuspóir a chuir sé roimhe "cáil éigin sholais do thabhairt don aos óg agus don aos ainbfis; agus an t-aos ealadhna agus eolais do bhrosdadh agus do ghríosadh do chum a ionnsamhla eile do dhéunamh ní as fearr agus ní as lionmhaire". Deir sé freisin gur lean sé na sean-údair, agus luann sé na máistrí "doba foirtille agus dobadh foghlamtha an eolas chrúais na Gaoidhilge in ár laithibh féin" a bhfuair sé féin an t-eolas uathu. Tuairim is ceithre mhíle ceannfhocal atá sa sanasán. Ní hé amháin go leanann sé modhanna agus nósanna na ngluaiseoirí a chuaigh roimhe, ach is minic alt aige a bhain sé as **Sanas Chormaic** nó as **Gluaisre Uí Mhaolchonaire**, (e.g. na hailt faoi *iathlu*, *Goídelg* a luadh thuas). Ní féidir breithiúnas cruinnmheáite a thabhairt ar fhiúntas na ngluaisrí den aicme seo go dtí go ndéanfar iniúchadh orthu ar fad le chéile, mar tá dlúthbhaint acu le chéile. Ní ceart díspeagadh a dhéanamh orthu i dtaobh nach raibh na gluaiseoirí oilte ar theangeolaíocht an lae inniu. Is féidir neamhshuim a dhéanamh de mhiondealú ar fhocail ina míreanna agus den tsanasaíocht áiféiseach. Bíonn an botún tuisceana agus an sciorradh pinn ann, ar ndóigh, ach is féidir cruinneas na gceannfhocal agus na míniúchán a mheas uaireanta ach iad a lorg sa Nua-Ghaeilge – idir litríocht thraidisiúnta agus chaint na Gaeltachta. Easpa eolais ar an gcaint bheo agus an leas a d'fhéadfaí a bhaint aisti mar shlat tástála, a d'fhág oiread sin amhrais ar chuid de scoláirí na seanteanga ar na gluaisrí seo. Mar shampla, thug Eleanor Knott[3] "vox nihili" ar na focail *fortraidh* agus *forcraidh* ag Micheál Ó Cléirigh agus dúirt nach raibh fianaise ar bith go raibh a leithéid d'fhocal ann ar "éirí lae" – cé go bhfuil *fochraí lae* fós sa chaint.[4] Is fiú aird ar leith a thabhairt ar na focail atá sna míniúcháin ag Micheál Ó Cléirigh, mar gur focail iad, dar leis, a bheadh éasca sothuigthe ag an aos óg. Ní dhearnadh sin, is cosúil, agus Foclóir an Acadaimh á chur le chéile, mar is léir ó fhocail atá sna míniúcháin sin, agus i gcaint na Gaeltachta inniu, a bheith ar iarraidh mar cheannfhocail ann (e.g. *tionóntaighe*, *cocbhád*, *gráin(n)eog*, *putóg)*, ainneoin go bhfuil ceannfhocail ann nach bhfuil foinsí níos luaithe acu ná téacsanna deireanacha de chuid na 17ú agus na 18ú haoise agus foclóirí de chuid na 19ú haoise.

---

3 In S. O'Brien *Measgra Mhichíl Uí Chléirigh* (1944), lch.69.

4 Féach 'Nótaí ar Fhocail' *Éigse* 15, 276.

Foclóirí Aonteangacha

Is iomaí cuspóir a d'fhéadfadh tiomsaitheoir an fhoclóra aonteangaigh a chur roimhe, mar shampla (i) focail dheacra a mhíniú, mar a rinne Micheál Ó Cléirigh; (ii) focail a bhaineann le hábhar ar leith a mhíniú; (iii) focail thofa "chearta" agus foirm chaighdeánach na bhfocal sin a shocrú, agus iad a mhíniú; (iv) gach aon fhocal sa teanga, idir scríofa is labhartha, a mhíniú; (v) gach aon fhocal acu sin a mhíniú, agus chomh maith leis an míniú lom, eolas a thabhairt ar úsáid an fhocail ag tagairt d'aicmí sóisialta, d'ócáidí éagsúla ag lucht gach aicme acu sin, do chaint fhoirmiúil, do chomhrá cois teallaigh, do gháirsiúlacht, do bhéarlagair, agus mar sin de; (vi) stair an fhocail sa teanga féin a léiriú le samplaí, á insint cén uair is túisce atá sé le fáil, cén t-athrú a tháinig ó am go chéile ar an réimse céille aige; (vii) sanasaíocht an fhocail sa teanga féin agus sa "bunteanga" ársa ónar shíolraigh sé; agus an bhaint atá aige le focail i dteangacha gaolmhara eile a rianadh.

Ar ndó, d'fhéadfaí féachaint le freastal ar gach aon chuspóir acu sin, nó ar chuid acu, in aon fhoclóir amháin.

Foilsíodh roinnt liostaí focal aonteangacha nó foclóirí beaga aonteangacha ag baint le canúintí ar leith, ar nós **Réilthíní Óir** (1922) agus **Caint an Chláir** (1940) leis an Athair Mac Clúin. Ach níor tugadh faoi fhoclóir cuimsitheach aonteangach ó aimsir Mhichíl Uí Chléirigh anuas.

Foclóirí Dátheangacha

Is dátheangach atá na foclóirí móra ar fad atá againn. Agus is do lucht foghlamtha aon teanga amháin acu sin – an Ghaeilge – iad uile. Ní miste sin a rá, mar aon bheachtaíocht atá le déanamh orthu, is ar an mbonn sin is ceart á dhéanamh. Ní miste ach oiread a thabhairt faoi deara gur féidir na cineálacha seo foclóirí dátheangacha a bheith ann (i) ceannfhocal i dteanga A, agus *sainmhíniú* i dteanga B; (ii) ceannfhocal i dteanga A, agus *focal comhchiallach* i dteanga B.

Is do lucht foghlamtha teanga A an chéad cheann. D'fhéadfaí iarracht a dhéanamh ar an dara ceann a chur in oiriúint do lucht foghlamtha ceachtar den dá theanga. Abair gur foclóir Béarla-Gaeilge é. D'fhéadfadh an Gaeilgeoir Béarla (i.e. ciall an cheannfhocail) a fhoghlaim uaidh, ba chuma an de réir modh (i) nó (ii) é. D'fhéadfadh an Béarlóir Gaeilge a fhoghlaim uaidh, dá mba de réir modh a dó a bheadh sé. Ba bheag an mhaith dó é, dá mba de réir modh a haon a bheadh sé, mar is léir ó na samplaí seo as foclóir Béarla-Gaeilge Uí Bheaglaoich agus Mhac Chuirtín (1732) – ceann a rinneadh le Gaeilge a mhúineadh.

> "*tea*. sórt gas do bhíos san India, nó na duilleogadh; deoch do ghnithear do na duilleogadh céadna."
>
> "*rhinoceros*, beathaigheach mór fiata ar a mbí adharc ar a shróin."

Is don té a bhfuil an Ghaeilge cheana aige agus atá ag iarraidh ciall na bhfocal Béarla a leithéid sin.

Mar sin, is léir cén dul amú mór a bhíonn ar dhaoine a cheapann dá gcuirfí foclóir an Duinnínigh droim ar ais go mbeadh foclóir Béarla-Gaeilge againn, nó go ndéanfadh "de Bhaldraithe" droim ar ais foclóir Gaeilge-Béarla.

Is é brí mo scéil gur gá ceithre fhoclóir idir dhá theanga, mar seo:

(i) A – B, le sainmhíniú do lucht foghlamtha A;

(ii) B – A, le comhchiallach do lucht foghlamtha A;

(iii) B – A, le sainmhíniú do lucht foghlamtha B;

(iv) A – B, le comhchiallach do lucht foghlamtha B.

Ní ábhar iontais gurbh fhoclóir Laidin-Gaeilge an chéad fhoclóir mór dátheangach a rinneadh, mar bhí foclóirí dátheangacha arbh í an Laidin an chéad teanga iontu fairsing san Eoraip ag an am. Ba é cuspóir na bhfoclóirí sin an Laidin a theagasc. Ach ba é cuspóir an fhoclóra seo, a chríochnaigh Risteárd Pluincéad á thiomsú sa bhliain 1662, an Ghaeilge a theagasc. I

Leabharlann Mharsh i mBaile Átha Cliath atá lámhscríbhinn an údair féin. Níor clóbhuaileadh riamh í. Is deacair a mheas cé mhéad alt ná focal atá ar fad inti. Timpeall ocht gcéad go leith leathanach atá inti, agus dhá cholún mhionscríofa ar gach leathanach.

Tá dhá phríomhbhealach ann le tabhairt faoi fhoclóir dátheangach a dhéanamh, ag braith ar chuspóir an fhoclóra. Ceann acu, ábhar an chéad teanga (i.e. na ceannfhocail agus na leaganacha a bhaineann leo) a shocrú ar dtús, agus ansin féachaint leis an bhfocal comhchiallach a aimsiú sa dara teanga (más í an dara teanga atá le teagasc, mar a bhí i gceist i gcónaí leis na foclóirí Laidin-Gaeilge agus Béarla-Gaeilge). Is é an dara bealach, na focail agus na leaganacha sa dara teanga a thiomsú, agus féachaint le ceannfhocail sa chéad teanga a aimsiú dóibh.

Má leantar den chéad bhealach is é an toradh a bhíonn air go gcaitear focal sa dara teanga a aimsiú a fhreagróidh do choincheapa agus d'institiúidí, agus do rudaí coincréiteacha, nár luadh sa dara teanga riamh, mar go mbaineann siad le saoithiúlacht agus caitheamh saoil eile. Dá fhad ó chéile an dá shaol agus an dá shaoithiúlacht is ea is deacra an scéal a réiteach. Ní mór dul i muinín an fhoréigin agus na cumadóireachta sa dara teanga. Agus rud níos measa fós, fágtar riar mór focal agus leaganacha dúchasacha sa dara teanga ar lár, toisc nach bhfuil focail sa chéad teanga ag freagairt dóibh agus sin iad na focail agus na leaganacha go díreach a léireodh saintréithe cultúrtha an dara teanga sin. Mar shampla, san fhoclóir Laidin-Gaeilge, tá focail ag baint leis an amharclann, le dlí, le riarachán, le féilte, etc., na seanRóimhe, nach bhféadfadh focail ar chomhchiall leo a bheith sa Ghaeilge – agus ar an taobh eile, níl aon áit san fhoclóir do théarmaíocht dhúchasach Ghaeilge a bhain leis an tseandlí, leis an bhfilíocht, ná fiú amháin do chuid mhór de stór focal Ghaeltacht an lae inniu.

Ach dá mhéad agus dá ilghnéithí foclóir an chéad teanga is ea is dóichí léiriú fairsing a bheith ann ar an dara teanga. Agus mar sin atá saothar an Phluincéadaigh. Tá stór focal ann nach raibh fianaise orthu roimhe sin, focail ag baint le gnáthchúrsaí an tsaoil, nach mbíodh i gceist sa litríocht chúng theoranta a bhíodh sa Ghaeilge. Má bhíonn amhras ar shainbhrí cuid acu sin, is féidir iad a sheiceáil i gcaint bheo na Gaeltachta. Mar shampla, tá an focal "bobómha, do chur eagla ar leinbh" aige (*s.v.* maniae), focal atá fós i gConamara agus an gnó céanna aige (*Fainic an bobou!*[5]; *Tabharfaidh an bobou*[5] *leis thú!*)

Ba é Edward Lluyd, as an mBreatain Bheag, a thug deis do dhaoine eolas éigin a chur ar shaothar an Phluincéadaigh nuair a d'fhoilsigh sé **Archaeologia Britannica** (1707), leabhar toirtiúil ag cur síos ar "The Language, Histories, and Customs of the original Inhabitants of Great Britain." Tá foclóirín Gaeilge/Béarla ann, agus foclóirín ina bhfuil an ceannfhocal sa Laidin agus focail as na teangacha Ceilteacha ansin, go háirithe nuair atá siad gaolmhar dá chéile. Bhain sé an-leas as foclóir an Phluincéadaigh, agus is ón saothar sin a tháinig riar focal isteach sna foclóirí ó shin. "Taibhsí" a bhí i gcuid acu sin, ar nós, '*lachaim*, I dive',[6] atá ag an Duinníneach. Botún léitheoireachta a bhí i gcuid eile de na taibhsí seo, ar nós *crinlín*, *dialann*, focail ar cuireadh anam ina dhiaidh sin iontu.

Fágfaidh mé faoi dhaoine eile a dhéanamh amach an mó idir saoithiúlacht na Róimhe agus saoithiúlacht na Gaeilge ná idir saoithiúlacht an Bhéarla agus saoithiúlacht na Gaeilge. Ar aon chuma, bíonn na deacrachtaí céanna ag baint le foclóir Béarla-Gaeilge. Bhunaigh Ó Beaglaoich agus Mac Cuirtín an foclóir Béarla-Gaeilge ar fhoclóir aonteangach Béarla, agus ar fhoclóir Béarla-Fraincis, agus d'fhág sin iad ag strócántacht le freastal ar fhocail a bhain le cultúr iasachta. Is leor cúpla sampla leis an toradh áiféiseach a léiriú. Ba bheag an tairbhe don té a bheadh ar thóir na Gaeilge (agus is dó a rinneadh an foclóir) iontrálacha den chineál a luadh thuas (*tea*, *rhinoceros*) cé go mba chabhair mhaith iad don Ghaeilgeoir a bheadh ag iarraidh Béarla a fhoghlaim.

5 *badhbh* [bau]; agus cineál athrá ar an siolla, rud atá coitianta i gcaint na bpáistí, ar nós *de-deigh*, *deaide*, etc.

6 I bhfoclóir Uí Bhriain (féach thíos), is cosúil, a fuair an Duinníneach é sin. *Lacham*, 'to duck or diver' atá ag an mBrianach.

Is beag an chabhair ach oiread leithéid an ailt seo a bhaineann le hinstitiúidí iasachta a bhfuil Gaeilge focal ar fhocal air san fhoclóir:

> *Free bench is the custom of the manours of East and West Embourn and Chadleworth in the county of Berks. and of Tor in Devonshire and other places of the west of England, that, if a customary tenant die the widow shall have her free bench, viz, her dower in all his copyhold lands, dum sola et casta fuerit, but if she commit incontinency, she forfeits her estate. Yet if she will come into the court riding backwards on a black ram with his tail in her hand and say the words following, the steward is bound by the custom to readmit her to her free bench.*
>
> *Here I am, riding upon a black ram like a whore as I am. And for my crincum crancum have lost my bincum bancum, and for my tail's game, have done this worldly shame. Therefore I pray you, Mr. Steward, let me have my land again.*

Aistríonn Mac Cuirtín ansin go cruinn ó thús deireadh é, go fiú an véarsa:

> *Ag so mise inniu*
> *Ar reithe mhór dhuibh mar stríopach a fuair guth, etc.*

Ní hionann na máchailí sin, ar de thoradh modh contráilte oibre a d'eascraíodar, agus nárbh fhoclóir maith fóinteach é, a bhfuil eolas le baint as fós féin, mar shampla, i dtaobh aois na bhfocal nach bhfuil fianaise orthu roimhe sin. Ach oiread le saothar an Phluincéadaigh, tá na chéad samplaí ann d'fhocail áirithe a bhaineann le gnáthchúrsaí an tsaoil, e.g. "*suarach*" sa chiall "*frivolous,*" "*santach*" sa chiall "*busily.*" Tá fianaise freisin ann i dtaobh riar focal a mbítear in amhras orthu anois, ag ceapadh gur le tréimhse na hAthbheochana a bhaineann siad, e.g. *trudán* (le páipéir a chur air), *oifig árachais*, *aisteoir*.

Tá an dara modh tiomsaithe le foclóir dátheangach a dhéanamh, is é sin, an t-ábhar sa dara teanga a thiomsú ar dtús, agus ansin féachaint le ceannfhocail a aimsiú sa chéad teanga. Sin mar a rinne daoine a thuig gur mór idir saoithiúlacht an Bhéarla agus saoithiúlacht na Gaeilge, agus arbh fhonn leo é sin a léiriú, agus dá bharr sin a chuaigh ar seachrán ó phríomhchuspóir an fhoclóra, i.e., focail chomhchiallacha Gaeilge a thabhairt don Bhéarlóir ar a ghnáthstór focal féin.

Is é an dara modh sin a bhí ag O'Neill Lane,[7] agus mar a dhearbhaíonn sé sa réamhrá. Tugann na samplaí atá aige, a deir sé "...a clear insight into the mental attitude of the people, together with some idea of their manners and customs, their character and their philosophy of life."

Ar ndó, tugann an modh sin deis dó seanfhocail, pisreoga, ainmneacha áite, rannta, etc., a chur isteach, e.g. '*Nuair ólann sí a sásamh nach náireach an scéal aici / Ach cé d'aithneochadh í amárach nuair fháisgeann sí 'stays' uirthi*" nó "*Má chinnghearbuigheadar sinn / Do chinnghearbuigheamar iad*" nó "*Hata trí bhfeirceanna is stiúir air / Is maig air anonn chum tighe an óil.*" Cén tairbhe atá ina leithéid seo don té atá ag iarraidh comhchiallach Gaeilge ar fhocal éigin Béarla?

Ábhar eile seachráin a bhaineann leis an modh sin, nach mór dó focail Bhéarla a chumadh ó am go chéile leis an nGaeilge a tharraingt isteach, e.g. *sleeping-pin* (le go luafaí "biorán suain"); *gadfull* (le go luafaí "lán gaid de mhnaoi"). Locht bunaidh eile ar an modh sin, go bhfágfaidh sé cuid mhór de ghnáthfhoclóir an Bhéarla ar lár – toisc gan aon Ghaeilge chomhchiallach leis a bheith ag an eagarthóir.

Toradh eile ar an modh sin ailt an-fhada a bheith faoi fhocail choitianta, mar shampla, tá os cionn tríocha leagan éagsúil Gaeilge faoin bhfocal *blow* aige, agus os cionn daichead faoin bhfocal *anger*.

Is é an tAthair Mac Cionnaith (1935) is críochnúla a lean den mhodh oibre sin. Thiomsaigh sé stór mór luachmhar d'fhocail is de leaganacha dúchasacha, ach theip ar a shaothar mar ghnáthfhoclóir don Bhéarlóir a

7 T. O'Neill Lane *Larger English-Irish Dictionary* (1916).

bheadh ag iarraidh focail chomhchiallacha a aimsiú d'fhocail choitianta Bhéarla. B'éigean dó na céadta focal coitianta Béarla a fhágáil ar lár, toisc gan aon Ghaeilge a bheith ina chnuasach ag freagairt dóibh. Agus nuair atá an focal Béarla ann, de bharr gur in ord aibítre atá na focail Ghaeilge san alt, is minic gur deacair an gnáthfhocal Gaeilge a aimsiú. Mar shampla, tá suas le dhá chéad líne cló le léamh faoin bhfocal *sick* sula luaitear *tinn*; agus beagnach leathchéad leagan (agus, "tá luach bó d'fheabhas tagtha ar do chuid Gaedhilge" ina measc) le léamh sula luaitear *mórán* faoin bhfocal *much*, agus mar sin de. Ní i gcónaí a d'éirigh leis ach oiread an focal Béarla ab oiriúnaí a aimsiú don leagan dúchasach, mar shampla, bhí sé taobh le *close season* (*of cows, hens, etc.*) agus é ag iarraidh ceannfhocal a aimsiú do *seascach* (*na mbó, na gcearc*), agus taobh le *safe place* nuair a bhí "cuirfead in áit tú ná cuirfidh an mhuc isteach an doras ort" le cur isteach aige.

Ní ag tromaíocht ar na heagarthóirí sin atá mé. Rinne an bheirt acu éacht oibre. Ag iarraidh léiriú a thabhairt ar na torthaí iomrallacha agus na heasnaimh a d'eascair ó mhodh áirithe oibre atá mé.

Gaeilge-Béarla

Scéal eile ar fad é scéal na bhfoclóirí Gaeilge-Béarla. B'fhéidir go measfaí go mba fhurasta d'eagarthóir cuspóir cruinn cinnte a chur roimhe – i.e. focail Ghaeilge a mhíniú i mBéarla don Bhéarlóir. Ach bheadh ceisteanna le freagairt roimh ré aige, ceisteanna ar nós "cén tréimhse de Ghaeilge?", "cé mhéad focal?" "cé na focail?" "cé mhéid de chaint an phobail?" etc., etc.

Rinneadh roinnt mhaith liostaí focal agus foclóiríní san 18ú haois nár foilsíodh riamh, agus atá anois sna leabharlanna sa tír seo agus sa Bhreatain. Is é an ceann a rinne Tadhg Ó Neachtain sa bhliain 1739 an ceann is mó.

Mhol Seán Ó Donnabháin go hard é, agus bhain foclóirithe a tháinig ina dhiaidh an-leas as, cé go raibh an Neachtanach an-tugtha don chumadóireacht. Ba bheag an dochar é sin, nuair ba chumadóireacht fhollasach í, ar nós mar a rinne sé leis an bhfocal *leabhar*, mar a leanas:

> *leabhrán* 'a little book'; *leabhránach*, 'full of little books.' *leabhramhail*, 'bookish'; *leabhróg*, 'a bookish woman', *leabharlann*, 'a library'; *leabharlannacht*, 'library keeping'; *leabharlannaire*, 'a library keeper'; *leabharlannaireacht*, 'library keeping'; *leabhraím*. 'I book.'

Ba é Seán Ó Briain, Easpag Chluana, a rinne an chéad fhoclóir Gaeilge-Béarla a foilsíodh (i bPáras sa bhliain 1768). Ní le gnáthchúrsaí foclóireachta is mó a bhain cuspóirí an Bhrianaigh. Is é rud a chuir sé roimhe, mar a deir sé sa réamhrá, eolas a thabhairt ar

> *"the most ancient, and best preserved Dialect of the old Celtic tongue of the Gauls and Celtiberians; . . . the most useful for Investigating and Clearing up the antiquities of the Celtic nations in General."*

Leanann sé air ag rá gur chruthaigh Edward Lluyd gurbh iad na Gaeil chéad áitreabhóirí na Breataine, agus gurbh í an Ghaeilge teanga lucht an oileáin ar fad. Ansin ba mhaith leis a thaispeáint cén gaol gairid a bhí ag an nGaeilge leis an mBreatnais, agus leis an mBriotáinis, le "*old Spanish or Cantabrian language preserved in Navarre, Biscaye and Basque*," chomh maith leis an nGréigis agus leis an Laidin, (a d'eascair, dar leis, ó chanúint de chuid na Ceiltise).

Réamhrá fada fairsing atá leis an bhfoclóir aige ina bpléann sé tuairimí i dtaobh bhunús na nGael agus ina gcuireann sé in éadan na teoirice go mba ó Magog a shíolraíodar.

Mar sin, tá ailt fhada ar chúrsaí staire, ar ainmneacha daoine agus ar logainmneacha, agus comparáid le seanteangacha, chomh maith le hiarrachtaí ar shanasaíocht san fhoclóir seo. Mar shampla, faoin bhfocal "*pósadh*", tá cur síos aige ar an Laidin agus nósanna na nIodálach, na Spáinneach, na nGearmánach, ar chúrsaí spré, agus ansin, dar leis, gurbh é an focal "*bósadh*" an ceart "which literally means to be endowed or portioned with cows," ag tagairt don spré.

Ainneoin cuspóirí an eagarthóra, tá, ar ndó, riar mór den Nua-Ghaeilge a bhain le gnáthshaol na ndaoine, agus corrthagairt d'fhuaimniú na bhfocal sa leabhar.

Ach tríd is tríd, ba mar eochair do sheanstair na hÉireann, na hEorpa, agus an domhain mhóir, agus mar chruthú ar ársaíocht, ar léann, ar uaisleacht agus ar thábhacht na sean-Ghael a cuireadh an foclóir le chéile.

Lean an Raghailleach[8] go dílis de nósanna an Bhrianaigh ó thaobh scóipe, dearcaidh agus cuspóra. Mar a deir sé ar an leathanach teidil, is ag míniú "*obscure words*" atá sé, agus é ag cuimhneamh ar "*The great utility of a knowledge of the Irish Language to those who wish to give a satisfactory account of the vernacular dialects and antiquities of most nations in Europe . . ., and its absolute necessity to all who are desirious of becoming intimately acquainted with the emigrations, history, laws, manners, religion and learning of the early inhabitants of Ireland...*"

Ba sa seanteanga ba mhó a bhí a spéis, agus é ag tiomsú focal "*from ancient glossaries, vocabularies and other documents,*" agus séard a chuir sé roimhe míniú a thabhairt ar "*the many thousands of words to be found in them* (na seanlámhscríbhinní) *that no longer exist in the living language of the country.*"

Thug sé faoi deara go raibh go leor de stór focal na gnáthchainte beo nach raibh istigh aige, agus tá míniú aige ar an scéal sin. Mar a deir sé féin:

> "*...it never occurred to me, that words daily used in common conversation, and familiar to myself, might have been omitted by former compilers, and taking it for granted that they were not omitted, I never examined further into the matter, but proceeded with the printing of my work, and had nearly finished it before I perceived the omission.*"

---

8 Edward O'Reilly *An Irish Dictionary* (1817)

Níor éirigh leis an t-easnamh sin a leigheas, ná an forlíonadh sin a fhoilsiú. Ba é Seán Ó Donnabháin a chuir an dara heagrán amach agus forlíonadh leis, agus ní ar an teanga bheo a bhí aird aige sin, ach, mar a deir an leathanach teidil aige "*...the many thousand Irish words, ...collected by the learned author...in unwearied researches among ancient unpublished manuscripts throughout Ireland.*"

Níor mhiste foclóir Gaeilge-Béarla an Chonúsaigh[9] a lua, mar gur ceann de chineál eile ar fad é. Do lucht teagaisc an Bhíobla a cuireadh le chéile é, agus is ar an mBíobla a bunaíodh é. Is é an tairbhe atá anois leis go luann sé an chaibidil agus an véarsa sa Bhíobla le cuid mhór de na focail. Ní miste freisin a lua gur bhain an Duinníneach leas as; agus gur minic alt ina iomláine go cruinn aige as, gan é sin a admháil.

Tá saothar éachtach an Duinnínigh ar eolas ag cách. Murach é, ní móide go bhféadfaí tabhairt faoin teanga a theagasc ná a úsáid i gcúrsaí oideachais ná i ngnóthaí riaracháin le leathchéad bliain anuas. Ar éigean a bhí scríbhneoir ar bith ann nach raibh faoi chomaoin aige. Lochtaíodh é, ar ndó, agus go héagórach go minic. "*A dustbin*" a thug Tomás F. Ó Raithile air agus é ag caint uair liom féin. (Bhí sé ina ráfla go raibh fonn mór air féin an post mar eagarthóir a bhaint amach. Níl a fhios agam an fíor bréag é sin.) Níl aon fhoclóir gan a lochtanna féin, agus ba dheacair don cheann seo a bheith gan locht, go háirithe mar gheall air gur rinneadh iarracht ann ar fhreastal áirithe a dhéanamh ar an teanga ó aimsir na Sean-Ghaeilge féin anuas. Ní mór cuimhneamh nach raibh foclóir Acadamh Ríoga na hÉireann ann an uair sin, agus gach aon chosúlacht go rabhthas éirithe as a ullmhú ó foilsíodh an chéad fhascúl sa bhliain 1913. Tá cuid de mhodh oibre an Duinnínigh le tuiscint ón méid seo sa réamhrá aige:

> "*The folklore, the habits and beliefs, the songs and tales, the arts and crafts of the people, as well as the history, topography and antiquities of the country have been pressed into service to throw light on the meanings...*"

9 Thomas de Vere Coneys *Foclóir Gaoidhilge-SacsBéarla* (B.Á.Cl. 1849)

D'fhéadfaí a rá go ndeachaigh sé rófhada lenar tharraing sé isteach d'ábhar léirithe den sórt sin, agus uaireanta nár chuir sin tada le soiléiriú an mhíniúcháin. D'fhéadfaí freisin a rá nár choinnigh sé guaim ar an dúil a bhí aige féin sa ghreann, sna samplaí barrúla, agus sna leaganacha débhríocha. Ach dá gcoinníodh, ba mhór an sult, an caitheamh aimsire agus an t-eolas a bheadh ceilte ó shin ar a lán daoine.

Deir an Duinníneach sa réamhrá (1927) freisin gur as a chuimhne féin, cuid mhaith, ("*to a considerable extent*"), a chuir sé an chéad eagrán (1904) le chéile, eagrán a raibh os cionn ocht gcéad leathanach ann.

> "*A large percentage of the illustrative phrases were taken from living expressions, conversations, etc., stored up in my childhood's memory...*"

Níl aon chúis againn le bheith in amhras faoin méid sin. Ach d'fhág sin leatrom dosheachanta ar an saothar. Ní miste cuimhneamh freisin gur fhág sé a cheantar dúchais ina óige, agus, go bhfios dom, gur sa Ghalltacht a chaith sé an chuid eile dá shaol. Níl sé i gceist agam gur leatrom d'aon turas é, ar ndó. D'iarr sé cabhair agus liostaí focal ó dhaoine as go leor ceantar eile, agus fuair a leithéid, cuid acu ó cheantair nach bhfuil aon Ghaeilge anois iontu. Ainneoin a dhíchill, agus ainneoin na meabhrach thar an gcoitiantacht a bhí ann, d'fhan go leor leor de ghnáthstór focal na nGaeltachtaí gan a lua san fhoclóir. Tháinig go leor den stór focal sin chun solais ó shin, de bharr saothar scríbhneoirí, taighde scoláirí agus bailitheoirí béaloidis, ach tá go leor de fós gan breacadh síos. Ní hamháin sin, ach tá anchuimse de i saothar na scríbhneoirí agus sna bailiúcháin bhéaloidis gan scagadh is gan iniúchadh fós.

Ní mór dom cúpla focal a rá anois faoin dá fhoclóir is deireanaí a tháinig amach, an ceann Béarla-Gaeilge, agus an ceann Gaeilge-Béarla a rinneadh sa Roinn Oideachais. Ní hé mo ghnó-sa iad a mholadh ná a lochtú - cé go mbeinn oilte go maith lena dhéanamh, ó bhí plé nach beag agam leis an dá cheann. Foclóir beag le freastal ar an ngnáthfhoghlaimeoir Gaeilge a bhí sa cheann Béarla-Gaeilge. Tar éis dó a bheith scór bliain ar an saol, le linn tréimhse mhór athruithe ar shaol agus ar stór focal an Bhéarla, agus ar fhorbairt na Gaeilge féin, tá sé go mór as dáta agus tá práinn le heagrán nua ina mbeadh ábhar breise sa dá theanga, agus, ar ndó, ceartúcháin.

Ba é cuspóir an fhoclóra Gaeilge-Béarla, "*an chuid is coitianta de stór focal na Nua-Ghaeilge a thabhairt le chéile.*" Cé gur tuigeadh go maith cén tábhacht a bhí le stór focal na gcanúintí, fágadh cuid mhór di ar lár, d'aon turas, toisc nárbh é cuspóir na hoibre iarracht a dhéanamh ar fhoclóir lánchuimsitheach a dhéanamh.

Nuair a foilsíodh an fascúl deiridh de (*Contributions to a*) *Dictionary of the Irish Language* sa bhliain 1976 – foclóir a bhí faoi chaibidil le os cionn céad go leith bliain, agus ar foilsíodh an chéad fhascúl de sa bhliain 1913 – chinn Acadamh Ríoga na hÉireann leanacht le gné éigin eile den fhoclóireacht. Thogh siad an Nua-Ghaeilge, mar ba í ba phráinní. Bhí a fhios go raibh na céadta focal Nua-Ghaeilge ann, idir theanga labhartha agus theanga scríofa, nach raibh le fáil fós sna foclóirí. Bhí a fhios freisin go raibh na céadta focal sna foclóirí nárbh eol fós cén réimse céille a bhí leo, cé na leaganacha meafartha a bhain leo, cén t-údarás a bhí leo, ná cén t-achar sa teanga iad.

Foclóir stairiúil atá beartaithe, a mbeidh leagan an lae inniu den fhocal mar cheannfhocal. Inseofar ann an beo don fhocal sa Ghaeltacht, sna canúintí éagsúla. Tabharfar abairtí oiriúnacha agus a bhfoinse leo ón gcaint agus as na leabhair, agus leanfar siar stair an fhocail go ceann cúpla céad bliain. Chomh maith le bheith ina stór mór eolais ar an teanga féin le roinnt céadta de bhlianta anuas, beidh sé freisin ina eochair a osclóidh doirse ar stair na nGael.

An foclóir a mbeadh an t-eolas sin le fáil ann, thabharfadh sé léargas áirithe ar dhearcadh agus ar fhorás intleachtúil an phobail, agus ar anáil chultúir éagsúla iasachta ó am go chéile ar ár muintir.

Foclóir cuimsitheach stairiúil Nua-Ghaeilge mar sin atá beartaithe ag an Acadamh. Ach ní hionann beartú agus cur i gcrích. Is beartú uaillmhianach é, nach féidir a chur i ngníomh gan lucht saothair, gan áiseanna, ná gan airgead. Tosaíodh cúpla bliain ó shin agus fostaíodh príomh-eagarthóir páirtaimsire, cartlannaí agus clóscríobhaí. Ceapadh eagarthóir lánaimsire amháin i lár na bliana 1979. Táthar ag súil le duine eile a cheapadh go gairid, agus de réir a chéile go mbeidh foireann cheart eagarthóireachta ann.

Níor leor sin, ar ndó. Ní gnó é seo do scata beag foclóirithe, ach gnó do mhuintir na hÉireann ar fad é. Ní chuirfear an obair i gcrích gan cabhair agus comhoibriú ó dhaoine is ó dhreamanna amuigh. Is iomaí duine a bheadh oilte ar an obair ach nár mhaith leis a bheith ag dul di go seasta. Luaigh an Duinnínеach os cionn trí scór duine a thug cúnamh dó. Beifear ag braith ar dhaoine mar sin le cabhair áirithe a thabhairt. Ní hiad na daoine ardoilte amháin a bheadh in ann cabhrú. Is féidir le scoláirí óga, nó gnáthléitheoirí cabhair áirithe a thabhairt ach treoracha a fháil, mar shampla, liostaí focal, leaganacha ó cheantair áirithe, nó as saothar údair áirithe, nó ag baint le hábhair áirithe, a thiomsú. Tá saineolaithe ar ábhair áirithe, agus cumainn ghairmiúla a d'fhéadfadh cabhrú le liostaí teicniúla a chur le chéile.

Beifear ag súil le cabhair ó institiúidí léinn chomh maith – trí dheis a thabhairt do scoláirí a dhul i mbun gnéithe den obair, nó le cúnamh airgid. Tá cúnamh nach beag á fháil cheana féin ó Choláiste Ollscoile Bhaile Átha Cliath, agus ó Roinn na Ceiltise in Ollscoil na Ríona.

Ó tá bonn curtha anois faoin obair, bíodh dóchas againn nach mbeidh focail Sheáin Uí Dhonnabháin le hathrá ag an nglúin óg atá anois againn. Sa bhliain 1848 a scríobh sé:

> *"We are still left without a perfect dictionary...and it appears very likely, from the depressed state of the country and the increasing apathy of the natives, that the present generation will pass without seeing one."*

Nár lige Dia!

Tomás de Bhaldraithe,
Coláiste na hOllscoile,
Baile Átha Cliath 4.

[Foilsíodh an t-alt seo, a bhí bunaithe, a deir sé, ar léacht a thug sé do scoláirí Gaeilge i Má Nuad, in The Maynooth Review (Revieú Mhá Nuad) in 1980. Ú. Uí Bh.]

Corpas na Gaeilge: Clár

Bailiúchán iomlán de théacsanna clóite Gaeilge ó 1600 go dtí 1882 atá ann, i.e. corpas druidte. Tá os cionn 700 acu ann, ó Nua-Thiomna Uilliam Uí Dhomhnaill (1602) anuas go dtí samplaí den fhilíocht bhéaloidis ag deireadh na tréimhse, nó fiú, go maith isteach san fhichiú aois. Tá sé bunaithe ar c.1.2 milliún líne de théacs reatha, 47.2 meigibheart san iomlán, ina bhfuil 7.2 milliún focal agus c.600,000 *formae*. (Féach, áfach, an *caveat*, lch. 43). Is iad an Bíobla (Sean-Tiomna 3.8mb., Nua-Thiomna 1.30mb.) agus Annála Ríoghachta Éireann (2.53mb.) na téacsanna is faide atá ann.

Tá ann annála, ginealaigh, cáipéisí staire eile, beathaisnéisí, filíocht, prós, fiannaíocht, rómánsaíocht, téacsanna creidimh, dlí, leighis, réalteolaíochta, beathaí naomh, aistriúcháin ar litríocht mheánaois na hEorpa, etc. Tá liosta iomlán na dtéacsanna le fáil sna treoracha. Díol spéise é, mar sin, do scoláirí taobh amuigh de réimsí na teanga agus na foclóireachta, agus is le freastal orthusan go príomha a cuireadh leagan Béarla den leabhrán, de na treoracha agus den chomhéadan ar fáil chomh maith. Orthu siúd is mó atá an tInnéacs *Nominum* dírithe, chomh maith leis an phobal i gcoitinne.

Innéacs *Nominum*

Innéacs amh gan eagar atá i gceist, idir dhaonainmneacha agus logainmneacha, sé sin, go dtugtar na *nomina* díreach mar a chastar orthu sa téacs (ach na claochluithe tosaigh bainte, más gá). Cuir i gcás **Eoghan Ruadh Ó Néill**, gheofar é san Innéacs faoi **Eoghan** seachas faoi **Ó Néill**. Ní chuireann sé sin isteach ar logainmneacha, ar ndóigh.

Gheofar na hainmneacha dílse seo a leanas sa ghnáthInnéacs seachas san Innéacs *Nominum*, ar an bhonn go mbeidh siad le dréachtú san Fhoclóir. **Dia, Íosa, Críost, Muire, Ádhamh, Éabha, Iúdás, Sátan, Róimh** (nuair is róimh adhlactha atá i gceist).

Imeacht ón bhunleagan

(i) Bhí roinnt téacsanna curtha ar ríomhaire ar an tionscnamh sula raibh fáil ar *circonflex* agus *grave*, ar an mhéarchlár, agus, ós rud é gur síneadh fada a bhí á thabhairt le fios, sin é an comhartha a úsáideadh ina n-áit. e.g. **UJA 6 / 7, Ulster Journal of Archaeology,** áit a bhfuil *grave* á úsáid tríd síos.

(ii) **Téacsanna "leathfhoghraíocha"**
San 19ú aois a bunaíodh na Bunscoileanna Náisiúnta ach ní raibh cead an Ghaeilge a theagasc iontu. Dá bhrí sin, cé go raibh tuiscint éigin ag an phobal ar litriú agus fhuaimniú an Bhéarla, bhí siad aineolach ar a leithéid ina dteanga dhúchais. Dá bhrí sin, le teagasc a chur ar an phobal faoi chúrsaí creidimh, foilsíodh caiticeasmaí agus leabhair chreidimh i litriú "leathfhoghraíoch", e.g. **L213, Machtnuig go Maih air; L325,Teagusg Créesdéegh Chun Aós óg no Leanavh do Heagusg; TT01, Seanmóir le Hugh McFadden.** Mar áis don úsáideoir, tugtar leagan caighdeánaithe de na téacsanna seo, mar aon leis an bhunleagan.

I gcás **L090, Fealsúnacht Aodha Mhic Dhomhnaill,** áfach, a bhfuil litriú "leathfhoghraíoch" den chineál chéanna ann, is é an leagan "caighdeánaithe" ag an eagarthóir amháin atá sa chorpas.

Ábhar ar lár

(i) Baineadh ábhar as bailiúcháin áirithe a chuimsíonn tréimhse níos leithne ná tréimhse an chorpais. Sna cásanna seo, níl ach an méid a bhaineann le 1600 ar aghaidh ar fáil anseo, e.g. **L030, Irish Bardic Poetry; L267 Leabhar Branach.**

(ii) Bhí téacsanna curtha ar ríomhaire ar chuspóirí na foclóireachta amháin, sular cinneadh ar an corpas a fhoilsiú. Fágadh ar lár san am sin, ábhar nach raibh le dréachtú san fhoclóir, go háirithe logainmneacha agus ainmneacha dílse. Tá an t-ábhar sin ar lár i gcónaí, cheal acmhainní lena chur isteach faoi láthair, e.g. **L012,**

Eolas ar an Domhan; L304, The Genealogies, Tribes and Customs of Hy-Fiachrach; L247, An Leabhar Muimhneach. I gcás na nGinealach, áfach, tá Innéacs iomlán ainmneacha – 40,000 acu – curtha ar fáil ag an Dr. Nollaig Ó Muraíle ina eagrán de **Leabhar Genealach. The Great Book of Irish Genealogies** le Dubhaltach Mac Fhirbhisigh (de Búrca, 2004; le foilsiú).

Dátú

Is gá fainic a chur ar úsáideoirí faoi dhátaí véarsaí filíochta atá i dtéacsanna ar nós, **L023**, **L024** agus **L025**, **Acallamh na Senórach, I, II, III.** Is minic dáta na teanga a bheith i bhfad níos luaithe le cuid acu seachas an dáta a luaitear leis an téacs i gcoitinne. Is gá don úsáideoir sna cásanna seo an buntéacs féin a cheadú, nó a bhreithiúnas féin a úsáid. Tá tuilleadh eolais faoi dhátú le fáil sa Rannóg thagartha faoin chnaipe **Treoir.**

An Córas Marcála

Ba le haghaidh na foclóireachta a cuireadh an corpas le chéile sa chéad dul síos agus ba ar aidhmeanna na foclóireachta a bhí an córas marcála le bheith dírithe. I gcomparáid le SGML[1], mar shampla, córas an-simplithe atá ann.

Ríomhraithe

Ritheadh ríomhoideas ar gach téacs sa chorpas, a bhain na claochluithe rialta ag tús focail, idir shéimhiú agus urú, a fhágann an fhoirm nó *forma* faoin litir cheart san Innéacs minicíochta, e.g. **obair chloiche** > **obair** agus **cloiche; seomra na mban** > **seomra, na** agus **ban; bunadh na háite** > **bunadh, na** agus **áite; ocht gcéad** > **ocht** agus **céad.**

1 i.e. Standard Generalised Markup Language / teanga chaighdeánach mharcála ghinearálaithe. Is caighdeánú idirnáisiúnta marcála é sin.

Idirghníomhach

Áit nár leanadh na gnáthrialacha séimhithe agus uraithe, bhí na leasuithe le déanamh go hidirghníomhach.

Comhfhocail

Ní raibh comhfhocal le briseadh, agus áit a raibh sé briste, bhí sé le ceangal, e.g. **óig-bhean** > **óig^-bhean; ró-naomhtha** > **ró^-naomhtha.** Mar sin, san Innéacs minicíochta, is faoi **óigbhean, rónaomhtha,** etc. a aimseofar na samplaí sin, in éineacht le samplaí den bhunlitriú, **óigbhean, rónaomhtha,** ach sa chomhchordacht, beidh siad le fáil díreach mar thárlaíonn siad sa téacs, le fleiscín.

I gcás dhá fhocal a bhí scartha le spás, agus ar ceapadh gur chomhfhocal i gceart iad, ceanglaíodh iad le _ , sé sin, le heang faoi. e.g. **mór uaisle** > **mór_uaisle,** agus is amhlaidh a bheidh sé san Innéacs minicíochta.

I gcás na mbriathar neamhrialta (Féach **Foclóir Gaedhilge agus Béarla** an Duinnínigh, lgh. 1309–1320), ceanglaíodh an réimír leis an bhriathar, bíodh le heang faoi nó trén fleiscín a chealú, de réir mar ba ghá. e.g. **do chuadhas** > **do_chuadhas; do-chím** > **do^-chím; at-chuala** > **at^-chuala.**

Áit a raibh iarmhíreanna treise nó taispeántacha comhtháite leis an fhocal rompu, scaradh iad leis an chomhartha **+.** e.g. **agaibhse** > **agaibh+se; tugadarsan** > **tugadar+san; an bailesi** > **an baile+si.** Aimseofar iad seo san Innéacs minicíochta faoin dá chuid, ach beidh siad le feiceáil sa chomhchordacht mar atá sa téacs. Nuair nach dhá aonad iomlána iad scartha, áfach, e.g. **againne, leisean, tugaise,** níor scoilteadh iad.

Focail a bhfuil buanséimhsiú tosaigh orthu, is amhlaidh a bheidh siad san Innéacs minicíochta agus sa chomhchordacht. e.g. **bhur, cha, choíche, chomh, dhá,** etc. Mar an gcéanna le buanurú. e.g. **dtí.**

Cuireadh **$** roimh fhocal iasachta a ceapadh a bheith ina chuid dhílis den abairt. Baineann mórán acu seo leis an dlí, le riarachán, le cúrsaí míleata nó creidimh, etc. Is leis an siombal sin rompu a bheidh siad liostaithe in ord aibítre san Innéacs minicíochta.

Leimiúchán

Tabhair fé ndeara nach bhfuil aon leimiúchán déanta ar an chorpas go fóill. Fágtar faoi bheartaíocht an úsáideora samplaí a lorg faoi cibé litriú a cheapann sé gur féidir.

> e.g. **aifreann.** Féach fosta **aifrionn, aifrind, aifrinn, aifreannaibh, aifrin, aifrion, aifriond, aifreannuibh ceudaifrion, aifrionnuibh, céudaifreann, aithfreann, aithfrend, aithfrionn, aithfreand, aithfrinn, aithfrionn, oiffrinn, oiffrend, áonoiffrend, oiffrendaibh, oiffrind, oiffrionn, oiffrenn, oiffreann,** etc. (Níl an liosta seo ceaptha a bheith iomlán). I gcás na gcomhfhocal thuas, **ceudaifrion, céudaifreann, áonoiffrend,** is gá iadsan a lorg faoin réimír, nó san Innéacs droim ar ais.

Bhí toradh mí-ámharach ar an chinneadh faoi gan comhfhocail a scoilteadh, nó iad a cheangal áit a raibh siad scartha, toradh a chuaidh salach ar aidhmeanna na foclóireachta. Cruthaíodh dá bharr iliomad foirmeacha nó *formae* nár thárla sa chorpas ach aon uair amháin, gné a dtugann an **Dictionary of the Irish Language** (DIL) "unstable compounds" air. Féach faoi e.g. **aon***, **céad***, **droch***, **lán***, **neamh***, **neimh***, **príomh***, etc.

Chomh maith lena leithéid sin, cruthaíodh iliomad acu fosta ón fhilíocht agus as foinsí próis ar nós **Acallamh na Senórach** ina raibh stíl bhladhmannach á cleachtadh iontu. Fágann sé go gcaithfidh an t-Innéacs droim ar ais a scrúdú, chomh maith leis an Innéacs minicíochta, le liosta samplaí a iomlánú. Fágann sé chomh maith, an líon *formae*, méadaithe go hartifisialta, agus líon na dtarlúintí laghdaithe dá réir. Tuairim's 50% de na *formae* san Innéacs minicíochta, is *formae* aon ócáide iad. Caithfidh a admháil, mar sin, go bhfuil na staitisticí ar sceabha, agus go mbeidh athmharcáil le déanamh amach anseo.

An Ríomhoideas[1]: Cur síos Ginearálta

Chomh maith leis an téacs ar an dlúthdhiosca, tá ríomhoideas [program] ann. Is tríd an oideas seo is féidir teacht ar na foirmeacha focal atá sa téacs, agus amharc orthu ina gcomhthéacs.

Ní mion-chur síos atá anseo ar dhóigh oibre an oidis – gheobhfar sin ar an dlúthdhiosca féin i bhfoirm comhaid treorach [**Treoir**]. Níl anseo ach garbhchuntas ar an chumas atá san oideas.

Nuair a chuirtear an t-oideas ar obair, bíonn rogha ann ar dtús idir Gaeilge agus Béarla mar theanga na cumarsáide. I ndiaidh cliceáil ar **Isteach**, léirítear príomhscáileán an oidis.

Liosta focal cónasctha le Comhchordacht

Ar phríomhscáileán an oidis feictear liosta aibítreach na bhfoirmeacha focal as an téacs reatha uilig, in éineacht lena minicíochtaí. Cuirtear an liosta i láthair faoi dhá chruth: sa ghnáth-ord aibítreach, agus in ord droim ar ais, sé sin, in ord aibítreach ó dheireadh an fhocail aniar.

> **Leid**: Níl leimiúchán ar bith déanta ar na liostaí seo, sé sin, tá gach foirm ar leith d'fhocal ina áit féin sa liosta. Os a choinne sin, tá claochluithe tosaigh bainte de na foirmeacha, san áit a n-oireann sé sin a bheith déanta. San áit a raibh meancóg sa téacs, is féidir go mbeidh an fhoirm cheartaithe sna liostaí seo, ach is í an fhoirm gan cheartú a fheicfear i gcónaí sa téacs reatha.

Má dhéantar cliceáil faoi dhó ar fhoirm, i gceachtar den dá liosta, gheofar fuinneog ina bhfeicfear na samplaí den fhoirm sin. Sa chuid uachtarach den fhuinneog beidh comhchordacht de na samplaí, le sampla amháin ar gach líne, ón cheann is luaithe go dtí an ceann is deireanaí. Beidh ceann amháin de na samplaí aibhsithe, agus beidh píosa níos faide de théacs reatha mar chomhthéacs don sampla áirithe sin le feiceáil sa chuid íochtarach den fhuinneog, faoi líne a insíonn faoi shuíomh an tsampla sa

1 Fá choinne an téarma seo, amharc http://www.smo.uhi.ac.uk/~oduibhin/ tearmai/program.htm

téacs. Beidh cnaipí ann fosta leis an méid atá san fhuinneog íochtarach a chur i dtaisce i gcomhad. Ní féidir, ar chúiseanna cóipchirt, na téacsanna a léamh *in extenso*.

> **Leid:** Moltar foirm a bhfuil suim á cur inti a lorg ar an dá chruth den liosta, leis na foirmeacha atá gaolmhar léi a thaispeáint. Ní mór a sheiceáil chomh maith sa rannóg den Innéacs leis an réamhcharachtar **$**.

Áiseanna eile ar fáil ar an Phríomhscáileán

Sainchuartú

Munar leor an t-eolas a fhaightear ar fhoirm ar an dóigh thuas, tríd an liosta réamhdhéanta a sheolann tú chuig an chomhchordacht réamhdhéanta, is féidir cliceáil ar an chnaipe **Sainchuartú**. Leis seo, déantar cuartú beo ar an téacs. Beidh smacht ag an úsáideoir ar an mhéid den téacs atá le cuartú, ar na foirmeacha atá le cuartú, agus ar leagan amach na dtorthaí.

Is féidir an méid téacs a chuartófar a roghnú de réir noid (tá nod ar leith ag gach téacs), de réir dáta (i dtréimhsí 33 bliana), de réir údair (tá cód ar leith ag gach údar), nó de réir cineáil (prós, filíocht nó filíocht bhéil). Is féidir an fhoirm iomlán atá le cuartú a chur isteach, nó tá sé ceadmhach saoróga [wild cards] a úsáid.

Tá rogha idir trí dhóigh leis an toradh a chur i láthair: mar **Liosta focal**, mar **Index locorum**, agus mar **Chomhchordacht**. Más **Liosta focal** a roghnaítear, ní fhaightear le gach foirm ach líon na samplaí sa téacs a roghnaíodh. Más **Index locorum** a roghnaítear, faightear uimhir an leathanaigh agus an líne do gach sampla. Más **Comhchordacht** a roghnaítear, beidh sliocht de chomhthéacs le gach sampla, mar a bhíonn sa chomhchordacht réamhdhéanta. Beidh faill agat, agus tú ag fágáil na comhchordachta, í a chur i dtaisce ina hiomláine i gcomhad, sa dóigh is go dtig leat í a scrúdú arís, gan feidhm ort í a ghiniúint as an nua. Mar an gcéanna, agus **Comhchordacht** á roghnú agat faoi **Sainchuartú**, beidh rogha agat idir ceann a rinne tú roimhe agus a chuir tú i dtaisce a oscailt arís, nó ceann úr a dhéanamh.

Leid: Faoi **Sainchuartú**, moltar gan an téacs uilig a roghnú, nó gach foirm focail. Má roghnaítear, d'fhéadfadh sé go mbeadh na torthaí tamall fada á gcur le chéile.

Téacsanna

Ceann de na cnaipí ar an phríomhscáileán é **Téacsanna**. Má dhéantar cliceáil air seo, léirítear liosta na dtéacsanna, na noda a théann leo, agus na húdair nó na heagarthóirí.

Treoir

Má dhéantar cliceáil ar an chnaipe **Treoir** de chuid an phríomhscáileáin, osclófar comhad na treorach. Tá an comhad seo dátheangach le dhá mhór-rannóg ann, rannóg fhoghlama agus rannóg thagartha. Tá cur síos iomlán, sa rannóg fhoghlama, ar dhóigh oibre an oidis. Sa rannóg thagartha, tá míniú ar na cóid a fhreagraíonn do théacsanna, d'údair, do dhátaí agus do chineálacha, chomh maith le mínithe teicniúla eile.

Rogha theanga na cumarsáide

Tá cnaipe eile ar an phríomhscáileán, ar a bhfuil an lipéad **Gaeilge** nó **English** de réir na hócáide, ar féidir é a úsáid le teanga na cumarsáide a athrú.

Amach

Déantar cliceáil ar an chnaipe seo de chuid an phríomhscáileáin leis an oideas a fhágáil.

Aguisín

Bhí na daoine seo thíos uilig páirteach in amanna éagsúla agus ar bhonn ghearrthréimhseach, ar thionscnamh FNG ó 1982 anall. Tugtar thíos an méid eolais a bhí ar fáil sna taifid oifigiúla agus i gcuimhne na beirte thíos agus gabhaimid leithscéal le duine ar bith a fágadh ar lár de thaisme. Aithníonn FNG an cúnamh a thug siad uilig do chur chun cinn an Fhoclóra Stairiúil agus an chorpais seo araon le fiche bliain anuas. Murach iad, níorbh ann don chorpas seo anois, in 2004.

Foireann shealadach

Bhreathnach, Fíona, FÁS

Breathnach, Colm, scoláire

Caomhánach, Michelle, FÁS

de Bhál, Máire, FÁS

de Bhaldraithe, Barra

de hÓra, Máire, scoláire

de Róiste, Micheál, léitheoir

King, Brian, FÁS

Mac Conghail, Étaín

Mac Gabhráin, Fiachra

Mac Giolla Léith, Caoimhín, scoláire

Mac Pháidín, Cormac

Mac Pháidín, Pádraig

Mac Shamhráin, Brian, scoláire

McGrath, Godfrey, FÁS

Móicléir, Derek

Ní Bhrádaigh, Máire, FÁS

Ní Chinnéide, Nicola

Ní Chribín, Íde, FÁS

Ní Chuinn, Carmel

Ní Drisceoil, Fíona, FÁS

Ní Éafa, Máire
Ní Loingsigh, Bernie, FÁS
Ní Uallacháin, Íde, léitheoir
Nic an tSaoir, Carmel, FÁS
Nic Con Uladh, Jacqueline
Nic Con Uladh, Lynda, FÁS
Nic Craith, Caroline
Nic Ghabhann, Siobhán, scoláire
Nic Giolla Bhrighde, Ailbhe, léitheoir
Nic Pháidín, Elva
Ó Cadhla, Muiris
Ó Cearúil, Micheál, scoláire
Ó Ciosáin, Niall
Ó Cuinn, Fionntán, FÁS
Ó Curnáin, Brian, léitheoir
Ó Dubhghaill, Aodán, scoláire
Ó Gealbháin, Séamus, léitheoir
Ó Gruagáin, Diarmuid
Ó Liatháin, Pádraig
Ó Mistéil, Pól, FÁS
Ó hÓgáin, Cuán
Ó hÓgáin, Dónall
Ó hÓgáin, Ruairí
Ó Raghallaigh, Eoghan, léitheoir
Ó Raghallaigh, Muiris, léitheoir
Sweeney, Christopher
Toner, Greg
Uí Ghruagáin, Máire
Uíbh Eachach, Vivian, scoláire

Walsh, Trisha, FÁS

Watson, Rhonwen, FÁS

White, Victoria, FÁS

Foireann pháirtaimseartha ríomhaireachta

Aherne, Julian

Egan, Gerard

Feeley, Des

Gahan, Eamon

Jordan, Vincent

Kaye, Patricia

Keating, Gerard

McGann, Conor

McKinney, James

Tá mé fíorbhuíoch de Cháit Ní Chonaill agus de Mháire Ní Dhálaigh, a chuidigh go mór liom leis an liosta thuas a chur le chéile.

Nótaí

ROYAL IRISH ACADEMY

CORPAS NA GAEILGE
1600 – 1882

Foclóir na Nua-Ghaeilge

THE IRISH LANGUAGE CORPUS

First published, 2004

Concept & Design: Vermillion Design
Printed: Colorman (Ireland) Limited
Typeset: Orla Oliver

ISBN: 0 9543855 4 3

Royal Irish Academy, 19, Dawson St.,
Dublin 2, Ireland.

Contents

Foreword 54

Appreciation 56

Preface 59

Acknowledgements 61

The Historical Dictionary of Modern Irish: Background 63
Úna Uí Bheirn

Irish Dictionaries 72
Tomás de Bhaldraithe

The Irish Language Corpus: Contents 89
Úna Uí Bheirn

The Computer Program: General description 95
Ciarán Ó Duibhín

Appendix 98

Foreword

From its inception in 1785 the Academy has published scholarly papers and conducted research projects, many of which contributed significantly to the development of an informed interest in Ireland's cultural heritage and national self-awareness. One area in which the Academy achieved lasting distinction was in the field of Irish lexicography. It gives me great pleasure to be associated with this publication, which follows in that tradition.

This corpus brings together, in searchable form, texts extant in Irish from the early 17th to the late 19th centuries. These were turbulent times, with significant political, economic and social displacement. The decline in the use of the Irish language as the vernacular was inextricably bound up with those factors. Today, Ireland enjoys a level of stability and economic progress without precedent in our history. It is highly appropriate that today's generation of Irish people should have easy access to the word store of those who wrote in the Irish language in times of great material poverty. This publication now makes that possible.

Thanks have been expressed elsewhere to many named persons who worked over the past two decades in bringing this work to publication. I for my part wish to thank them heartily also, without again naming them individually. It would be remiss of me, however, not to record the Academy's indebtedness to those who gave crucial strategic advice at various stages of planning this publication. That group includes T.D. Spearman, E. Sagarra, T.K. Whitaker, M. Ó Murchú, P. Mac Cana, S. Páircéir, S. Ó Coileáin, T. de Bhaldraithe, É. Ó hÓgáin and Ú. Uí Bheirn. The Academy also appreciates the expert advice provided by Dr. Ole Norling-Christensen (Denmark); Professor Antoinette di Paolo Healey (Canada); Professor P.G.J. von Sterkenburg (Holland) and Dr. Jonathan West (England).

The availability of this corpus will renew and facilitate scholarly interest in particular aspects of the Irish language – vocabulary, orthography, syntax etc. More importantly, it will generate a sustained renewal of scholarly and public interest in the Irish language generally. The Royal Irish Academy, for its part, will gladly facilitate that process and looks forward to pursuing the development of a dictionary of the Irish language on historical principles.

Michael Ryan
President

Appreciation

FNG thanks every organisation and every individual who helped to further the project. Our appreciation is none the less for not having listed them here. There are many who donated material that was valuable but that does not relate to the period of this corpus. Proper acknowledgement will be made at the appropriate time, but in the meantime, we offer our heartfelt thanks.

We owe a particular debt of gratitude to **CURIA**, for donating a digitised copy of most of the text of **Annála Ríoghachta Éireann**, and to the **Institute of Irish Studies**, Queen's University, for donating a digitised copy of four books from Bedel's **Sean-Tiomna** and of the complete **Tiomna Nuadh** by Ó Domhnaill. This corpus has been published much sooner thanks to them.

I am sure I speak for the former members of the FNG permanent staff when I record our appreciation to the Council of the Academy, who stood by the project, and to the Higher Education Authority, who continue to fund it. I hope the publication of this corpus is due reward for their faith.

I know that it is a source of pride, no less for my ex-colleagues than for me, that, in partnership with Ciarán Ó Duibhín, we have provided a research facility which will greatly advance Irish lexicography and language research, but which also has the potential to advance Irish scholarship in many other fields.

I am personally indebted to many people for helping me to complete the project.

In particular, I thank the following people:

The Officers and Executive Committee of the Academy, who entrusted the task to me.

The members of the Editorial Committee, in particular Professor Seán Ó Coileáin, Chairman, who brought a new meaning to "hotline support".

Professor Máirtín Ó Murchú, who gave me advice and assistance in many ways over the years.

Monsignor Breandán Ó Doibhlin, Rev. Anraí Mac Giolla Chomhaill, Professor Pádraigín Ní Cheallaigh and Dr. Nollaig Ó Muraíle, whom I consulted about various aspects of the corpus.

Colm Lankford, Dr. Íde Ní Uallacháin, Eibhlin King and Máiréad Seoighe, who each came to my aid in various emergencies.

Gearóid Ó Casaide, who copy-edited the Irish version of the booklet and the CD-ROM.

Dr. Michelle O Riordan and Dr. Micheál Ó Cearúil, who did beta-testing on the CD-ROM.

Dr. Máire Ní Mhurchú and Dr. Diarmuid Breathnach.

Patrick Buckley, Executive Secretary of the Academy, who took responsibility for seeking permissions from the publishers named in the booklet and who smoothed the way for me when I needed it; Siobhán Fitzpatrick and the Library staff, who assisted greatly over the years; Léan Ní Chuilleanáin and Roisín Jones in the Editorial Office, who copy-edited the English version of the booklet and the CD-ROM; Wayne Aherne of the IT department, who was always helpful and patient; Pauric Dempsey, who gave advice and encouragement; Hugh Shiels, who helped greatly with the publication process. They all gave practical assistance, but my sincere gratitude is also given to my other colleagues in the Academy who took an interest in the work and offered me encouragement. With their support, I did not feel I was working in isolation.

Dr. Ciarán Ó Duibhín.

Máire Nic Mhaoláin, who has always been generous with her expertise.

All my friends, who did not desert me, although I was preoccupied with the project.

Nár lagaí Dia iad.

This was a specific project – or rather a sub-project – given to us in 1995, to create a corpus of texts for the period 1600–1882, which will form the raw material for the Historical Dictionary in the future. Dr Éamonn Ó hÓgáin managed and advanced the project until 2002. I also acknowledge the contribution of the other Assistant Editors, Dr. C. Nic Pháidín and Dr. D. Ó hAirt, during their time with the project.

Many people worked on the project on a part-time basis or on short-term contract, inputting data, checking texts for accuracy and marking up. Their names are included in the Appendix at the end of the booklet. Without them, this corpus would not yet have reached this stage. They deserve our heartfelt thanks.

However, the constant turnover of staff led to inconsistencies in the markup and occasional misunderstanding of the guidelines. Despite best endeavours to co-ordinate the work, it is inevitable that errors and inconsistencies will remain. Corrections will be received gratefully on the Academy website at: http://www.ria.ie/projects/fng/cdrom.html.

We would welcome notice of any other texts that ought to have been included in this corpus. It would be our intention to include them in the next issue from the project.

In the last analysis, since it fell to me to bring the project to completion, I accept responsibility for any errors remaining.

Úna M. Uí Bheirn
Editor
Foclóir na Nua-Ghaeilge.

Preface

In 1773, Major Charles Vallancey published **A Grammar of the Iberno-Celtic or Irish Language**. A few years later, in 1785, he was one of the founder members of the Royal Irish Academy, a learned society founded under the patronage of George III, to promote study of the sciences, humanities and antiquities, primarily in relation to Ireland. In its **Strategic Plan, 2002**, the Academy reaffirms its continuing commitment to that same objective.

It was this same Vallancey who acted as mediator between Chevalier Tomás Ó Gormáin, an Irishman living in France, who had been requested to seek out Irish manuscripts and other material, to return it to Ireland. The first such acquisition was the **Book of Ballymote**, presented in May, 1785, which laid the foundation stone for the Academy's manuscript collection. It contains a varied range of material – prose, poetry, genealogies and legal tracts, dating to the 15th century. Two years later, Vallancey was instrumental in acquiring for the Academy the **Book of Lecan**, again through the good offices of Chevalier Ó Gormáin. This contains mostly genealogical and historical material. In 1789, Vallancey himself bought the **Leabhar Breac** for the Academy, for the sum of three guineas. It is a collection mostly of religious texts.

It is of little importance nowadays that most of what he wrote about the Irish language – *inter alia,* its supposed relationship to various other languages such as Chinese and Kalmuck! – is risible. His theories were groundless and misinformed. Nevertheless, one must take note of what Walter D. Love said of him in **Hermathena**, July 1961, and quoted in **Beathaisnéis, 1782-1881**.[1] "The **Collectanea** and his other fanciful works have been forgotten and are utterly useless to modern scholars. But,

---

1 **Beathaisnéis, 1782–1881**, p. 159, Máire Ní Mhurchú agus Diarmuid Breathnach. An Clóchomhar, 1999.

should he not, funny old Quixote that he was, have some of the credit for the present possession of the Sebright manuscripts by Trinity College? In all fairness, we must say yes." That is equally true for the Royal Irish Academy. It is not for nothing that his portrait hangs over the mantelpiece in the Members' Room in Academy House, and he could afford to smile a little now.

At the present time, apart from those in other languages, the Academy possesses over 1,200 manuscripts in Irish, the largest such collection in the world.

The publication of this corpus, which pays homage to the printed word – all 7.2 million of them – is testimony of the Academy's loyalty to the pursuit of Irish language scholarship and it confirms its intention to undertake the next phase of the project, which is the creation of a similar corpus for the 20th century.

The acorn is not yet a fully-grown oaktree.

Acknowledgements

The Royal Irish Academy acknowledges with gratitude permission granted by the publishers and individuals listed below to publish excerpts from texts for which they own the copyright. Every effort has been made to contact and obtain permission from all such owners. If any involuntary infringement of copyright has occurred, sincere apologies are offered, and the owner of such copyright is requested to contact the publisher.

Permission granted by:

Béaloideas
Catholic Record Society of Ireland
Clare Champion
An Clóchomhar
Clogher Historical Society
Coiscéim
Coiste Fhéilscríbhinn Thomáis de Bhaldraithe
Conradh na Gaeilge
Cork Historical and Archaeological Society
Cork University Press
Cumann Seanchais Ard Mhacha
Cumann Seanchais Uí Cinsealaigh
de Brún, Pádraig
Dundalgan Press
Educational Company of Ireland
Éigse
Études Celtiques
Flood, Dr. John & Mr. Phil
Franciscan Missionary Union
Galway Archaeological and Historical Society

Gill and Macmillan
An Gúm
Hermathena, TCD
Hodges Figgis
Irish Manuscripts Commission
Irish Rosary
Irish Texts Society
Kerry Archaeological and Historical Society
Louth Archaeological and Historical Society
Max Niemeyer Verlag GmbH
Meath Archaeological and Historical Society
North Munster Antiquarian Journal
Ó Cearbhaill, Pádraig
Ó Labhraí, Seosamh
Ó Raghallaigh, Eoghan
Oxford University Press
Revieú Mhá Nuad
An Sagart
School of Celtic Studies, Dublin Institute for Advanced Studies
Sign of the Three Candles
Studia Hibernica
St. Mary's University College, Belfast
Studies
An tUltach

The Academy thanks also the family of Tomás de Bhaldraithe for granting permission to publish the lecture "Irish Dictionaries".

The Historical Dictionary of Modern Irish: Background

The role of the Royal Irish Academy in Irish lexicography began as far back as 1880 with the appointment of Professor R. Atkinson as editor of a historical dictionary, but the venture floundered and no real practical progress was made until Kuno Meyer was appointed editor in 1907. In a letter to the Dictionary Committee dated 4 July 1907, Meyer proposed "a comprehensive and, as far as possible, exhaustive historical dictionary of the Irish language, embodying the vocabulary of the Old, Middle and Early Modern periods".

It was under the editorship of a young Norwegian scholar, Carl Marstrander, that the first fasciculus of that dictionary, **D–** to **Degóir**, was published in 1913. The next fasciculus did not appear until 1932, and other fasciculi followed under various editors until 1975, when work was finally completed with the publication of the letter **H–** and a Historical Note by the last General Editor, E.G. Quin, who had been in charge of the project from 1953 until the end.[1] For anyone interested in learning about the precarious nature of lexicography as a profession – the Irish variety at any rate – Quin's Historical Note makes sobering reading.

Following the completion of the **Dictionary of the Irish Language** (**DIL**), a discourse was held by the Academy entitled **Foclóireacht na Gaeilge: Cad tá le déanamh?** [Irish Lexicography: What is to be done?], which led to a decision by the Academy Council, recorded in the Annual Report of the Academy's Irish Studies Committee (under whose auspices **DIL** had been published), which stated "A memorandum by D.W. Greene, *A Plan for future Lexicographical Work in Irish*, was forwarded by the Committee to Council and approved on 17th February, 1975."

In this plan, David Greene proposed three different projects that would be independent of one another but interrelated: one he called Early Irish, corresponding to the periods recognised as Old Irish (600–900) and

1 *Dictionary of the Irish Language*. Based mainly on Old and Middle Irish materials, Compact Edition (1983), vi.

Middle Irish (900–1200), the second would deal with Early Modern Irish or Classical Irish (1200–1650) and the third with Modern Irish, from 1650 onwards.

The latter he considered the most urgent in view of the decay of the dialects in the Gaeltacht, which was occurring as a result not only of the encroachment of English but also of the shrinkage in the lexicon that followed the abandonment of the traditional way of life. The aim of the **Dictionary of Modern Irish (DMI)**, or **Foclóir na Nua-Ghaeilge (FNG)**, as it was later called, was to record everything from the post-Classical period down to the present day. The approach he proposed was:

- to excerpt from all printed material, including post-Revival literature,
- to excerpt from manuscripts, thousands of which are extant (1,431 in the Academy library alone), as well as from special collections such as the Department of Irish Folklore archive in UCD,
- to collect the current lexicon in the Gaeltacht by means of questionnaires and fieldwork.

Greene recognised the necessity of a large staff to accomplish such an ambitious project but proposed that different parts of the project be farmed out to the Irish departments of the universities and to the School of Celtic Studies of the Dublin Institute for Advanced Studies. Staff members from these institutions might be released for a period to work on the project. He thought it unlikely that young scholars would be prepared to devote their working life to lexicography but perhaps they would not baulk at spending a certain amount of time at it.

The aim was to produce a monolingual historical dictionary: "To use English would be justifiable only on the assumption that the Irish language would cease to be used as a language of culture in the near future, for one of the necessary requirements of a language of culture is a comprehensive dictionary in which no other language is used in the glossary and discussion of the material. The **DMI** (i.e. **FNG**), should offer to the reader of Modern Irish as complete as possible a picture of the language from the 17th century down to the present day, and should offer it in Irish alone."

Greene then turns to the question of staff. It would take, he suggested, fifteen fully-qualified scholars along with computer assistants, to complete the three projects "within a reasonable period", at a cost of £80,000 per annum (January 1975). He ends his submission as follows:

> "The strongest argument for treating at least the Dictionary of Modern Irish as a matter of urgency is that Modern Irish is less adequately recorded than any other official European language, and indeed, less adequately than many languages which have no official status, such as Catalan and Provençal."

The Council of the Academy decided to undertake the compilation of a historical dictionary of Modern Irish and appointed Tomás de Bhaldraithe as General Editor. The project was launched in 1976 with a grant of £5,000 from the Department of Education and an archivist and a secretarial assistant were appointed in the same year.

Tomás de Bhaldraithe was at the time Professor of Modern Irish in University College Dublin and a recognised lexicographer. He had been the Editor of the most recent English–Irish dictionary, published in 1959, and the Consultant Editor of the Irish–English dictionary **Foclóir Gaeilge-Béarla**, published in 1977 by An Gúm (the publications branch of the Department of Education).

In view of financial constraints, de Bhaldraithe's strategy was one of pragmatism – to build up a staff gradually and train them under his own direction. He also attempted to follow the directive to seek the cooperation of the universities and other institutions, and he received considerable assistance from the outset from the Celtic Department of Queen's University, Belfast. By this time he had retired from his position as Professor of Modern Irish in UCD and was now Professor of Dialectology at the same institution. He had founded a Dialect Archive there and was now spending half his time in Belfield and the other half in the Academy. Naturally, he had access to the material in the Dialect Archive, and the project drew widely upon it. He began making plans for the short-term and compiling a slip collection.[2] By the end of 1977, the collection had reached 22,000 slips. The computer era in lexicography, where information could be stored in digitised format, had not yet dawned.

In 1978–79, the programme of slip collecting was accelerated, drawing on word lists, dictionaries and indexes from Modern Irish texts, so that by the end of that year the collection had grown to 108,000 slips. The staff also had grown, with the appointment of an Editor, in 1979, followed by an Assistant Editor in 1980. At the beginning of the eighties it looked as if the project was really under way. A series of monographs, **Deascán Foclóireachta** [Lexicographical Gleanings], with de Bhaldraithe as general editor, was launched under the auspices of the Dictionary, and de Bhaldraithe himself produced the first volume, **Innéacs Nua-Ghaeilge don "Dictionary of the Irish Language".**

It was with the publication in 1982 of the second volume of **Deascán Foclóireachta, Liosta Focal as "Idir Shúgradh agus Dáiríre"**, by Séamas Ó Murchú, that the exemplar for the rest of the series was laid down, i.e. each volume, drawing on specified sources, would contain a list of words, phrases and meanings not recorded in Ó Dónaill's Irish-English dictionary. The primary aim of the series was to enhance the material available from contemporary texts and the oral language for eventual use in **FNG.** Between 1984 and 1989, six further volumes were published, one from each of the editorial staff, drawing on material from various Gaeltachtaí—Corca Dhuibhne, Gaillimh, Ros Goill, Uíbh Ráthach, na Déise and Teileann.

In all, the following titles were published:

1. Tomás de Bhaldraithe: **Innéacs Nua-Ghaeilge don "Dictionary of the Irish Language"**, 1981.
2. Séamas Ó Murchú: **Liosta Focal as "Idir Shúgradh agus Dáiríre"**, 1982.

2 A slip is the term used by lexicographers to record on paper an extract from a text or other source that is considered a useful illustration of a particular dictionary headword.

3. Éamonn Ó hÓgáin: **Díolaim Focal (A) ó Chorca Dhuibhne**, 1984.
4. Tomás de Bhaldraithe: **Foirisiún Focal as Gaillimh**, 1985.
5. Leaslaoi U. Lúcás[3]: **Cnuasach Focal as Ros Goill**, 1986.
6. Caoilfhionn Nic Pháidín: **Cnuasach Focal ó Uíbh Ráthach**, 1987.
7. Diarmaid Ó hAirt: **Díolaim Dhéiseach**, 1988.
8. Úna M. Uí Bheirn: **Cnuasach Focal as Teileann**, 1989.

This emphasis on the contemporary language was in accord with David Greene's proposal to Council that the current Gaeltacht lexicon should be comprehensively covered.

The dictionary project, and indeed Irish language studies in general, suffered a major setback with the unexpected death of David Greene in June 1981. He was a past President of the Royal Irish Academy, a close friend of de Bhaldraithe and a steadfast advocate for the project within the Academy. In the obituary written for the Annual Report 1981–82, de Bhaldraithe states "The decision to undertake Foclóir na Nua-Ghaeilge... and the success in funding the project, were due to a great extent to David Greene's efforts."

However, progress on the dictionary was largely unaffected in the short term. Early in 1982, a then state-of-the-art computer was acquired for the project, named Altos, with a 40mb hard disk and three dumb terminals. A third secretarial assistant was recruited under the existing work experience scheme, and inputting texts on computer began. The slip collection had grown to 297,000 by the end of 1982.

As the end of the eighties drew near, in spite of continuous productivity, there were ominous signs that things were beginning to go adrift on the project as a result of external as well as internal pressures. An interesting minute in the Annual Report of the Academy's Coiste Náisiúnta Léann na Gaeilge (National Committee for Irish Studies) for the year 1988–89 records "Tugadh faoi thuarascáil a chur le chéile a léireodh tionchar na

3 Although he was not a staff member as such, Leaslaoi Lúcás from Queen's University – a native speaker from Ros Goill – participated in the project from the outset.

gciorruithe airgeadais ar léann na Gaeilge sna hinstitiúidí a bhfuil ionadaithe acu ar an gCoiste" [It was undertaken to compile a report to illustrate the effect of the financial restrictions on Irish Studies in the institutions represented by Committee members]. Along with the Academy itself, all the universities in the country as well as the Dublin Institute for Advanced Studies and Institiúid Teangeolaíochta Éireann were represented on the Committee. The malaise was widespread. In the Academy, the contract period of an assistant editor on the project came to an end and was not renewed for lack of funds. The scholarship scheme that had been in place since 1981, which enabled young promising scholars to spend a period working on lexicography, as David Greene had suggested, also came to an end.

The eighties also saw a transformation in the approach to lexicography, as a craft, worldwide. The slip methodology was being abandoned, and instead the creation of corpora of computerised texts began. Both methods were in use on FNG throughout the eighties, with three staff inputting partial texts, for the most part a selection from the letter **A–**. Gradually, the slip method was scaled down until, in the end, only excerpts from magazines and newspapers were recorded on slips in the absence of a suitable procedure for handling them on computer, though material continued to arrive on slips from external sources.

Drafting began gradually on a trial basis from late 1981 and continued while an archive of material was being compiled. Then, in May 1984, it was decided that the dictionary should appear in the form of fasciculi, and thereafter drafting was undertaken in earnest on the material. The aim, as intended from the outset, was to produce a descriptive historical dictionary. The original editorial staff had been augmented in 1982 by the appointment of two further Assistant Editors, and with this team the drafting of the letter **A–** continued until 1994. Tomás de Bhaldraithe resigned his editorial post at the end of that year, without the satisfaction of seeing the fruits of his labour in print. At that point, over 4,000 headwords had been completely drafted (**a–** > **ain–**), and preliminary drafting carried out on a further 2,000 (**aio–** > **altú**). That draft was based on analysis of 2,350 text sources, most of them selections from the letter **A–**. For samples of the draft, see the Academy website, http://www.ria.ie/projects/fng/reamhra.html.

The slip collection had risen by then to *c.*1,000,000.

The departure of de Bhaldraithe signalled the end of an era. A review of procedures on the project was carried out by the Academy in 1994. In light of the time already spent on it, it was decided to redefine the objectives of the project. Drafting was halted and the immediate aim of the FNG project was henceforth to be "the creation within the next seven years of a computerised dictionary archive for Modern Irish."

The outcome of this new direction was the creation of a corpus of printed texts for the period 1600–1882, which is now published in processed format on the enclosed CD.

Permanent Staff

Tomás de Bhaldraithe, General Editor, part-time 1976–86; full-time 1986–94

Séamas Ó Saothraí, Archivist, 1976–82

Éamonn Ó hÓgáin, Editor, 1979–2002

Caoilfhionn Nic Pháidín, Assistant Editor, 1980–98

Diarmaid Ó hAirt, Assistant Editor, 1982–2002

Úna Uí Bheirn, Assistant Editor, 1982–2002; Editor 2002–>

Marian Ní Chíobháin, Secretarial Assistant, 1976–79

Áine O'Connor, Secretarial Assistant, 1978–81

Máire Ní Dhálaigh, Secretarial Assistant, 1979–96

Cáit Ní Chonaill, Secretarial Assistant, 1982–2000

Karl Vogelsang, Secretarial Assistant, 2000–2002

Contract Staff

Máirín Ní Dhonnchadha, Assistant Editor, 1983–85

Seán Ua Súilleabháin, Assistant Editor, 1984–85

Seán Ó Cearnaigh, Assistant Editor, 1986–90

Eilís Ní Bhrádaigh, Assistant Editor, 1986–95

Gearóid Mac Duinnshléibhe, Editorial Assistant, 1993–99

Computer Support

Dr. Ciarán Ó Duibhín, former lecturer in Computer Science in Queen's University, Belfast, has been the computer consultant to the project since 1983. Apart from commercial packages, such as Microsoft Office, Ultraedit, etc., it has been his dedicated software that has served FNG for the last twenty years, and he is responsible for the computer programming of the CD-ROM. His contribution has been immense.

The project has also benefited since the early eighties from the advice and support of Professor Jack Smith, currently Academy Treasurer and former Head of the Computer Science Department in Queen's University Belfast.

Their assistance is acknowledged with gratitude.

FNG is also very appreciative of the advice and assistance afforded the project throughout the eighties by Mr Michael Doherty, former Assistant Director of Computer Services in Trinity College, Dublin. *Inter alia*, he rescued a number of texts that were trapped on the hard disk when the Altos computer finally expired in 1989.

Editorial Committee 1996 –>

The Editorial Committee directs the policy of the project and advises the Officers and Council on it. The members are:

Professor Michael Herity, President, Royal Irish Academy, 1996–99

Professor David Spearman, President, Royal Irish Academy, 1999–2002

Dr Michael Ryan, President, Royal Irish Academy, 2002 –>

Dr Eoghan Mac Aogáin, St. Patrick's College, Drumcondra

Dr Liam Mac Mathúna, St. Patrick's College, Drumcondra

Professor Séamas Mac Mathúna, University of Ulster, Coleraine

Professor Seán Ó Coileáin, National University of Ireland, Cork (Chairman)

Professor Cathal Ó Háinle, Trinity College

Professor Ruairí Ó hUiginn, National University of Ireland, Maynooth

Professor Breandán Ó Madagáin, National University of Ireland, Galway

Dr Nollaig Ó Muraíle, Queen's University, Belfast

Professor Seosamh Watson, National University of Ireland

Irish Dictionaries

[This is the text of a lecture given by the late Professor de Bhaldraithe, a copy of which he gave to me. It bears a hand-written note by him, "Léacht, ach cén áit?" (A lecture, but where?). Internal evidence implies it was written firstly in English and subsequently translated by himself into Irish. The Irish version is that given to students of Irish in St. Patrick's College, Maynooth, in 1980, entitled ***Foclóirí agus Foclóireacht na Gaeilge****, and subsequently published in* ***Revieú Mhá Nuad*** *in the same year. It is reproduced here on pages 22–38. There is no evidence that the English original was ever published. Both versions appear without alteration. Ú. Uí Bheirn].*

Although it is over a thousand years since the earliest Irish dictionaries were compiled, there are many areas of lexicography that have as yet been left untouched. Because of this, many words which are used frequently in the Gaeltacht and even by those of us who have merely learnt the language are not to be found in any dictionary. Among these we find not only technical and unusual terms, but words used in everyday speech along with numerous connotations and idioms. Nor indeed are the dictionaries which are available of much use to the person who wishes to learn something of the history of commonly used words. We have no dictionary comparable to *The Shorter Oxford Dictionary*, much less to *The Oxford English Dictionary.*

Nothing of consequence has been written on the history of Modern Irish lexicography, nor on lexicography and the Irish language, and, although individual dictionaries have been reviewed when first published, little of this criticism has had its basis in the general scientific principles of lexicography.

The earliest "dictionaries" consisted of collections of existing glosses pertaining to old legal texts, tales of the Ulster epic cycle, the lives of saints and so forth.

The oldest of these still extant is known as "O'Mulconry's Glossary", after Seán Ó Maolchonaire, who transcribed the earliest surviving copy. This is an unsatisfactory title as O'Mulconry's transcription dates from the 16th century, and according to Eoin Mac Néill, much of the work was originally written as early as the 8th, or even the 7th century.

The works of Isadore (c560–636), Bishop of Sevilla, who wrote a whole series of books *(Etymologiarum Libri)*, were very popular among Irish scholars. The series was something of an encyclopaedia. Isadore's influence is particularly noticeable among the compilers of glossaries, who used his lexicographical and etymological methods.

There are approximately 800 items in "O'Mulconry's Glossary". In some cases the glossator merely provides a synonym for the headword, sometimes he gives an explanation in Irish or in Latin. In other cases he tries to find the origin of the word in Hebrew, in Greek, or in Latin, e.g.

> esconn, cen chonn;
> escara, .i. ní cara. cara a *caro;*
> fec, *quia figitur terra*;
> fili, *graece a filei*, *amat dicitur* .i. seircid fogalmo;
> fairrge, .i. "*a fervore* .i. ó bruth."

In most instances, he attempts, as did Isadore, to divide the word into constituent parts, presuming it to originate in a compound made up of separately meaningful parts, e.g.:

> iathlu, .i. eitti-lu .i. bec a ete (iathlu – "*bat*").

In certain other instances he relies on Latin for his analysis, e.g.:

> "eochur" .i. "eo", ní is dírech, "cor" a *curvo,* .i. crommdíriuch ind eochair".

Sanas Chormaic is another well-known ancient glossary. The reference is to Cormac Mac Cuileannáin, King and Bishop of Cashel, who died in the year AD 908. There is every reason to believe that he was, indeed, the compiler. It contains twice as many items as the above-mentioned glossary. The same methods are used insofar as some of the explanations are simple and precise (e.g. tort .i. bairgen), as is some of the etymology (e.g. lebar *quasi* libor *libro*) but it too contains absurd analyses, e.g.:

> bás .i. beo-as .i. as téit in beo;
> Góidelg, .i. guth Elg .i. guth Érendach; ar atá an t-ainm sin for Éirind.

A number of similar glossaries were compiled, certain of which were published in the 19th and 20th centuries.[1]

Micheál Ó Cléirigh's Glossary

Micheál Ó Cléirigh's Glossary (1643) was the only glossary to be published during the author's lifetime. Only a few copies of the original edition have survived, but a revised edition[2] appeared in *Revue Celtique*, IV, V (1879–1883). The author himself tells us that the dictionary contains "cáil éigin d'fhoclaibh cruaidhe na Gaoidheilge" ("a certain number of difficult Irish words"), and that his aim in compiling it was "cáil éigin sholais do thabhairt don aos óg agus don aos ainbfis; agus an t-aos ealadhna and eolais do bhrosdadh agus do ghríosadh do chum a ionnsamhla eile do dhéunamh ní as fearr agus ní as líonmhaire ("to provide a certain measure of enlightenment for the young and unlearned; and to spur and encourage men of arts and knowledge to provide works similar to this, only better and more comprehensive"). He says that he used the methods of previous authors and mentions the masters "doba foirtille agus dobadh foghlamtha an eolas chruais na Gaoidhilge in ar laithibh féin" ("who are most adept and most learned in our own time in the knowledge and intricacies of Irish") from whom he got the information. Approximately 4,000 headwords are listed. Not only does he use the methods practised by previous glossators, but he often transcribes whole items from **Sanas Chormaic** or **O'Mulconry's Glossary** (e.g. the items on *iathlu, Góidelg* mentioned above).

It is impossible to assess properly the relative value of these glossaries until they have been further studied, as they are all interlinked. The glossators should not be scorned for their ignorance of modern linguistics. The analysis of words by dividing them into constituent parts and the absurd etymology can be ignored. Apart from occasional errors and the odd slip of the pen, the accuracy of the headwords and explanations may be checked against modern Irish – both in traditional

1 E.g. That of Dáibhí Uí Dhuibh dá Bhoireann, edited by Stokes in *Arch.f.c.Lex.II.*

2 Stokes made a good number of corrections to that edition in *Arch.f.c.Lex. I.*

literature and in Gaeltacht speech. Ignorance of the spoken language and its value as a yardstick in assessing the older glossaries left many scholars of Early Irish in doubt as to the accuracy of these older glossaries. For example, Eleanor Knott[3] called the words *fortraidhe* and *forcraidh*, listed by Micheál Ó Cléirigh, "*vox nihili*", and claimed there was no evidence to suggest that there was ever such a word meaning "dawn" – even though *fochraí lae* is still to be heard in the spoken language.[4]

Special attention should be paid to the words used in Micheál Ó Cléirigh's explanations, as these were words he thought would be immediately intelligible to young students. This was obviously not done when the Royal Irish Academy's dictionary was being compiled. Many words which appear in Micheál Ó Cléirigh's explanations and are used commonly in Gaeltacht speech are not listed as headwords (e.g. *tionóntaighe, cocbhád, gráin(n)eog, putóg*), despite the fact that a number of headwords are listed whose earliest sources are to be found in late 17th and 18th century texts and in 19th century dictionaries.

Monolingual Dictionaries

There are many reasons for compiling a monolingual dictionary, for example, the author may wish (i) to explain difficult words, as in Micheál Ó Cléirigh's case; (ii) to explain words dealing with a specific subject; (iii) to decide on "proper" standardised forms for a certain number of specially chosen words and to explain them; (iv) to explain every word in the spoken and written language; (v) to explain every word and also to provide information regarding usage, with reference to social classes, the various occasions on which the words are used, formal speech, informal speech, slang, etc.; (vi) to trace the word's history in the language and to give the "original" ancient language from which it was derived, and to explain the relationship between the word and words in other related languages.

3 In S. O'Brien *Meascra Mhichíl Uí Chléirigh* (1944), 69.

4 See 'Nótaí ar Fhocail'*Éigse* 15, 276.

Of course, one may try to satisfy all of these aims, or some of them, in one dictionary.

Several monolingual lists of words, and small monolingual dictionaries dealing with specific dialects have been published, such as an tAthair Mac Clúin's **Réilthíní Óir** (1922) and **Caint an Chláir** (1940). However, no comprehensive monolingual dictionary has been attempted since the days of Micheál Ó Cléirigh.

Bilingual Dictionaries

All our main dictionaries are bilingual. They are all directed at students of one of those two languages, namely, Irish. This is important, as any criticism of these dictionaries must be based on this fact. We must also note that the following types of bilingual dictionary may be found:

(i) that which uses headwords in language A and definitions in language B;
(ii) that which uses headwords in language A and equivalents in language B.

The first type is for learners of language A. The second type could be adapted to suit learners of either language. Let us suppose that we are dealing with an English-Irish dictionary. The Irish speaker can learn English (i.e. the meaning of the headwords) from it, by either method (i) or method (ii). The English speaker could learn Irish from it only if it was compiled according to the second method. This would be impossible if it was compiled according to the first method, as we can see from the following examples – from Ó Beaglaoich and Mac Cuirtín's English-Irish dictionary (1732) – compiled for the purpose of teaching Irish.

> "*tea*, sórt gas do bhíos san India, nó na duilleogadh; deoch do ghnithear dona duilleogadh céadna" ("**tea**, a type of Indian plant, or its leaves; a drink made from these same leaves");
>
> "*rhinoceros*, beathaigheach mór fiata ar a mbí adharc ar a shróin", ("*rhinoceros*, a large wild animal with a horn on its nose").

This type of dictionary is for those who already speak Irish and who wish to know the meaning of the English word.

From this it is clear that those who think that by, reversing Dinneen's Irish-English dictionary (1927) we would get an adequate English-Irish dictionary or that by reversing de Bhaldraithe's English-Irish dictionary we would get a proper Irish-English dictionary, are mistaken.

Four dictionaries are therefore needed when dealing with any two languages:

(i) A – B with definitions for learners of A;
(ii) B – A with equivalents for learners of A;
(iii) B – A with definitions for learners of B;
(iv) A – B with equivalents for learners of B.

It is hardly surprising that the first major bilingual dictionary to be compiled in Ireland was a Latin-Irish dictionary, as such bilingual dictionaries, with Latin as the first language, were widespread in Europe at the time. These dictionaries were used for teaching Latin. The Latin-Irish dictionary finished by Risteard Pluincéad in 1662, however, was for teaching Irish. The author's original manuscript is in Marsh's Library in Dublin. It was never printed. It is hard to say how many words were listed. It contains about 850 pages, with two closely-written columns to the page.

There are two main methods of compilation, depending on the purpose of the dictionary. One is to decide first of all on the subject matter of the first language (i.e. the headwords and the idioms to be explained) and then to try to find suitable equivalents in the second language (if the dictionary is to be used to teach the second language, as was the case with the Latin-Irish and English-Irish dictionaries). The second method is to collect the words and idioms of the second language and then to try and find suitable headwords in the first language.

If the first method is used, words must be found in the second language for concepts, institutions and material objects never referred to in that language for the simple reason that they belong to a different culture and way of life. The further apart the two lifestyles and cultures, the more difficult the job will be. A certain amount of invention is then necessary in the second language. Worse still, many words and native idioms in the second language must be left out because there are no corresponding words and idioms in the first language. These are, of course, the very words which express the cultural characteristics of that second language. For example, the Latin-Irish dictionary lists various words dealing with the theatre, law, administration, festivals, etc., of ancient Rome that obviously have no corresponding synonyms in the Irish language. On the other hand, native Irish terms referring to ancient laws, Bardic poetry and even much of the vocabulary of the modern Irish Gaeltacht must be left out.

On the other hand, the more extensive and diverse the vocabulary of the first language, the more adequately it will portray the characteristics of the second language. This is the case with Pluincéad's work. Many words hitherto unrecorded are included – words used in everyday life, normally not to be found within the narrow confines of Irish literature. If the exact meaning of some of these words is questioned, they can be checked against modern Gaeltacht speech. For example, he lists the word "bobómha, do chur eagla ar leinbh", ("bobómha, said to frighten a child"), *s.v. maniae,* a word still used in the same context in Connemara (*Fainic an bobou*[5]*!*) *Tabharfaidh an bobou*[5] *leis thú!* (Mind the *bobou*! The *bobou* will take you away with him!)

It was Edward Lhuyd, a Welshman, who first made some of Pluincéad's work available to the public, when he published **Archaeologia Britannica** (1707), a large volume dealing with "the Language, Histories, and Customs of the Original Inhabitants of great Britain." An Irish-English vocabulary is included, as is a list of Latin headwords giving the

5 *badhbh* [bau]; a repetition of the syllable, a common feature in children's speech, such as *de-deigh*, *deaide*, etc.

appropriate words in the various Celtic languages, especially when these are related to one another. He relied heavily on Pluincéad's work and many words listed in dictionaries since then were taken from this source. Many of these were "ghostwords", such as Dinneen's "*lachaim*, I dive".[6] Certain other "ghostwords" originating in reading errors such as "*crinlín*, a desk" – a misreading of *crílín* – and "*dialann*, a diary" – a misreading of "*dia-lón*, a day's food" have since been incorporated into the language.

Whether the cultures of the Latin and Irish languages are further apart than those of English and Irish need not concern us here. However, the same difficulties occur when dealing with an English-Irish dictionary. Ó Beaglaoich and Mac Cuirtín based their English-Irish dictionary on a monolingual English dictionary and on an English-French dictionary. This left them with the problem of dealing with words from a foreign culture. A few examples will suffice to show how ridiculous the results could be. Entries such as those referred to above (*tea*, *rhinocerous*) were of little use to those learning Irish (i.e. those for whom the dictionary was originally intended), although they may be very useful to the Irish speaker learning English.

Nor is an item such as the following, dealing with a foreign institution and translated word for word into Irish, particularly useful!

> *Free bench is the custom of the manours of East and West Embourn and Chadleworth in the county of Berks. and of Tor in Devonshire and other places of the west of England, that, if a customary tenant die the widow shall have her free bench, viz. her dower in all his copyhold lands, dum sola et casta fuerit; but if she commit incontinency, she forfeits her estate. Yet if she will come into the court riding backwards on a black ram with his tail in her hand and say the words following, the steward is bound by the custom to readmit her to her free bench.*

6 Dinneen appears to have copied that from O'Brien's dictionary (see below). Lacham, 'to duck or diver'.

> *Here I am, riding upon a black ram like a whore as I am. And for my crincum crancum have lost my bincum bancum; and for my tail's game, have done this worldly shame. Therefore I pray you, Mr. Steward, let me have my land again.*

Mac Cuirtín translates precisely, from start to finish, including the verse:

> *Ag so mise inniu*
> *Ar reithe mhór dhuibh*
> *Mar stríopach a fuair guth, etc.*

Apart from these defects, the results of an unsuitable methodology, the dictionary provides valuable information regarding the age of hitherto unrecorded words. It provides us, as did Pluincéad's work, with the earliest examples of certain common words e.g. "*suarach*", meaning '*frivolous*', '*santach*', meaning '*busily*'. It also provides evidence regarding a range of words about which we might be doubtful today, dismissing them as having their origin in the period of the Irish Language revival e.g. *trudán*, (a file of papers), *oifig árachais*, (an insurance office), *aisteoir* (an actor).

[Missing English page. Translation back from the Irish version by Ú. Uí Bheirn]

There is a second method of compiling a bilingual dictionary, i.e. to compile the material of the second language first, and then try to provide a headword in the first language. That is how those who understood the gulf between an English-oriented culture and an Irish one, and who wished to illustrate that, strayed, as a result, from the main purpose of the dictionary i.e. to provide the English speaker with Irish equivalents for his own lexicon.

It is this latter method which O'Neill Lane[7] used, as he avers in his Introduction.

7 T. O'Neill Lane *Larger English-Irish Dictionary* (1916).

The examples, he says, "... give a clear insight into the mental attitude of the people, together with some idea of their manners and customs, their character and their philosophy of life." That pursuit allows him to introduce proverbs, superstitions, placenames, verses, etc. e.g.:

> *Nuair a ólann sí a sásamh, nach náireach an scéal aici*
> *Ach cé d'aithneochadh í amárach nuair fháisgeann sí "stays" uirthi,*

or

> *Má chinnghearbuigheadar sinn*
> *Do chinnghearbhuigheamar iad*

or

> *Hata trí bhfeirceanna is stiúir air*
> *Is maig air anonn chum tighe an óil.*

Of what use is such like to someone looking for an Irish equivalent to an English word?

A further hazard of that approach is that he occasionally has to coin English words in order to include the Irish, e.g. *sleeping-pin* (to allow him to include 'biorán suain'); *gadfull* (to allow him to include 'lán gaid de mhnaoi'). A fundamental flaw of that approach is that it will omit a considerable amount of the English lexicon – seeing that the editor cannot provide an Irish equivalent.

Another outcome of that method is that it leads to very long articles under a common word, for instance, he lists over thirty Irish equivalents under the word "*blow*" and over forty under the word "*anger*."

[End of Ú. Uí Bheirn's translation]

Fr. L. McKenna's **English-Irish dictionary** (1935) is the most exhaustive of those using this particular method. He compiled a large and valuable store of words and native idioms, but his work fails as a dictionary intended for the average English speaker seeking Irish equivalents for common English words. He had to leave out hundreds of common English words because he had no corresponding collected Irish terms.

When the English word is listed, it is often quite hard to find the common Irish equivalent, due to the fact that the words are listed in alphabetical order. For example, there are almost 200 lines of print between the word *sick* and the commonest Irish word for *sick* ('*tinn*'); and almost 50 idioms listed under the word *much* (including 'tá luach bó d'fheabhas tagtha ar do chuid Gaedhilge', 'Your knowledge of Irish has improved by the value of a cow') before we come to the ordinary Irish word '*mórán*', and so on. He does not always manage to find the most suitable English word for the Irish term, for example, he uses '*close* season (of cows, hens, etc.) 'for '*seascach (na mbó, na gcearc)*'and '*safe place*'when he wants to include 'cuirfead in áit tú ná cuirfidh an mhuc isteach an doras ort' (lit. 'I will put you in a place where the pig won't put the door in on you').

It is not my intention to criticise those editors. Both of them did sterling work. I am seeking to illustrate the wayward results and the omissions which accrued from following a particular methodology.

Irish-English

Irish-English dictionaries are an entirely different matter. It may seem easier to decide on a definite editorial objective – i.e. to explain Irish words in English for English speakers. Other questions arise, however, for instance, 'Which period of the Irish language?', 'How many words?', 'Which words?', 'How much common speech?', *etc.,etc.*

Quite a number of vocabularies and wordlists were compiled during the 18th century but have never been published. These are to be found in various libraries in Britain and Ireland. The largest of these is Tadhg Ó Neachtain's dictionary (compiled in 1739), now in the library of Trinity College, Dublin.

[Further pages missing. Translation from the Irish version by Ú. Uí Bheirn]

John O'Donovan praised it highly, and later lexicographers drew widely from it, despite the fact that Ó Neachtain was much given to coining. This was of little consequence when the coinage was transparent, such as he engaged in with the word *leabhar*, – *leabhrán*, 'a little book'; *leabhránach*, 'full of little books'; *leabhramhail*, 'bookish'; *leabhróg*, 'a bookish woman'; *leabharlann*, 'a library'; *leabharlannacht*, 'library-keeping'; *leabharlannaire*, 'a library keeper'; *leabharlannaireacht*, 'library keeping'; *leabhraím*, 'I book'.

It was Seán Ó Briain, Bishop of Cloyne, who produced the first Irish-English dictionary (published in Paris in 1768). Ó Briain's purpose was not primarily lexicographical. His intention was, as he says in the Introduction, to provide information on

> *the most ancient, and best preserved Dialect of the old Celtic tongue of the Gauls and Celtiberians;... the most useful for Investigating and Clearing up the antiquities of the Celtic nations in General:*

He continues by saying that Edward Lhuyd had proven that the Irish were the first inhabitants of Britain and that Irish was the original language of the people of the whole island. In addition, he wished to illustrate the close relationship between Irish and Welsh, with Breton, with '*Old Spanish or Cantabrian language, preserved in Navarre, Biscaye and Basque*', as well as with Greek and Latin (which developed, according to him, from a Celtic dialect).

His dictionary contains a long introduction in which he discusses the origins of the Irish and where he rejects the theory that they descended from Magog.

Consequently, there are in this dictionary long articles on history, on personal and place names, comparisons with ancient languages, as well as attempts at etymology. For instance, under the word *pósadh*, he has a discussion of the Latin, and the customs of the Italians, the Spanish, the Germans, on dowry, and finally suggests that the word should properly be *bósadh*, 'which literally means to be endowed or portioned with cows', referring to *spré*. [= cattle / dowry].

Despite the author's intention, there is in the book a considerable amount of Modern Irish, dealing with people's everyday life, and an occasional reference to the pronunciation of words. But on the whole, it was as a key to the early history of Ireland, Europe and the world, and as evidence of the antiquity, learning, nobility and importance of the ancient Irish, that the dictionary was compiled.

O'Reilly[8] faithfully followed O'Brien's procedure in scope, outlook and intention. As he says on the title page, he wishes to explain "obscure words" and is mindful of "*the great utility of a knowledge of the Irish language to those who wish to give a satisfactory account of the vernacular dialects and antiquities of most nations in Europe...; and its absolute necessity to all who are desirous of becoming intimately acquainted with the emigrations, history, laws, manners, religion and learning of the early inhabitants of Ireland...*"

He was interested mostly in the early language, providing words "*from ancient glossaries, vocabularies and other documents*", and his object was to explain "*the many thousands of words to be found in them* [ancient Mss] *that no longer exist in the living language of the country.*"

He did note that much of the lexicon of living speech had been omitted by him, but he provides an explanation for that. As he says himself:

> "*...it never occurred to me, that words daily used in common conversation, and familiar to myself, might have been omitted by former compilers, and taking it for granted that they were not omitted, I never examined further into the matter, but proceeded with the printing of my work, and had nearly finished before I perceived the omission.*"

He didn't manage to rectify the omission, nor to publish a supplement.

It was John O'Donovan who produced the second edition, with the supplement, but his concern was not the living language [either], but, as he says on the title page:

---

8 Edward O'Reilly *An Irish Dictionary* (1817)

> "*...the many thousand Irish words....collected by the learned author ...in unwearied researches among ancient unpublished manuscripts throughout Ireland.*"

It would be appropriate to mention Coneys Irish-English dictionary[9] [1849], for it is an entirely different type. It was compiled for Bible teachers, and is based on the Bible. Its value today lies in the fact that it gives the source references, chapter and verse, of many of the words. It is also worth noting that Dinneen made use of it, and often quoted whole articles from it word for word, without acknowledgement.

[End of Ú. Uí Bheirn's translation]

Everyone is familiar with Dinneen's great work (1927). Without this dictionary, it is unlikely that any attempt could have been made in the last fifty years to teach the language or to use it in education or administration. Practically every Irish writer is indebted to it. It has been criticised on occasion, of course, and sometimes unjustly. "*A dustbin*", T.F. O'Rahilly once called it, in conversation with myself.

Every dictionary has its faults, as indeed this has, many of them the result of Dinneen's attempt to cover the whole history of the language from Early to Modern Irish. We must remember that the Royal Irish Academy dictionary had not yet been published, and that its preparation seemed at that time to have been abandoned since the publication of the first fasciculus in 1913. Some idea of Dinneen's methods may be gleaned from the following passage in his introduction:

> "*The folklore, the habits and beliefs, the songs and tales, the arts and crafts of the people, as well as the history, topography, and antiquities of the country have been pressed into service to throw light on the meanings...*"

It could be argued that much of the material included by Dinneen was, in fact, unnecessary and threw very little light on the meanings of words. It could also be argued that he should have suppressed the natural sense

9 Thomas de Vere Coneys *Foclóir Gaoidhilge-SacsBéarla* (B.Á.Cl. 1849).

of humour he shows in the many funny examples and ambiguous idioms included. If he had done so, however, it would have deprived many of us of much pleasure and amusement, not to mention valuable information.

Dinneen also says in his introduction (1927) that ("*to a considerable extent*") the first edition (1904), numbering over 800 pages, was based on his own memory:

> "*A large percentage of the illustrative phrases were taken from living expressions, conversations, etc., stored up in my childhood's memory...*"

We have no reason to doubt this. It resulted, however, in an inevitable unevenness. We must remember that he left his native district at an early age, and spent most of the rest of his life, to the best of our knowledge, in an English-speaking environment. I do not mean to suggest that the bias was intentional. He asked people in various districts for help, many of whom provided him with valuable wordlists from areas in which Irish is no longer spoken. Despite his best efforts and his extraordinary ability, much of the common Irish vocabulary does not appear in the dictionary. Much of this vocabulary has since come to light due to the work of various authors, scholars and folklore collectors, but much still remains unrecorded. A large store of words in literary works and folklore collections has yet to be examined.

Finally, I must say a few words about the last two dictionaries to appear, the English-Irish (1959) and Irish-English (1977) dictionaries compiled in the Department of Education. It is not for me to praise or criticise them [the Irish version adds "though I would be well-placed to do so, having had no little part in both of them"]. The English-Irish dictionary was intended as a small dictionary for the average person learning Irish. In the 20 years since it was first published, many changes have occurred, affecting the cultures and, consequently, the vocabularies of both English and Irish. The dictionary, therefore, is very much out of date and a new edition, containing extra material in both languages, and, of course, corrections, is badly needed.

The Irish-English dictionary was intended as

> *"a vocabulary of the most commonly-used words in Modern Irish."*

Although the importance of the vocabularies of individual dialects was understood, a considerable amount of material was intentionally omitted, as the dictionary was not meant to be comprehensive.

When the final fasciculus of (*Contributions to a) Dictionary of the Irish Language* (*based mainly on Old and Middle Irish materials*) was published in 1976 – a dictionary which took over 150 years to prepare – (the first fasciculus was published in 1913) – the Royal Irish Academy decided to continue work on some other aspect of lexicography. Modern Irish was chosen, as it seemed the most urgent task. It was realised that hundreds of Modern Irish words used in both the written and the spoken language were still not to be found in any dictionary. It was also realised that there were hundreds of words which did appear in dictionaries, but whose full range of meaning was not known. Neither was very much known of their various metaphorical uses, their original sources, or the length of time they had been in the language.

A historical dictionary has been planned, using the modern form of the word as a headword. Information as to whether the word still occurs in the Gaeltacht, in the various dialects, will be given. Appropriate sentences, along with their sources, drawn both from literature and from the spoken language, will be provided, and the history of the word will be traced back to about the beginning of the 17th century. As well as providing a vast store of information on the history of the language for the past few centuries, it will also be of immense importance to Irish history in general.

A dictionary that would provide this type of information would also provide a great insight into the intellectual development of the Irish people and the various influences through time of different foreign cultures.

It is intended therefore, that the Academy will provide a definitive historical dictionary of Modern Irish. This, however, is easier said than done. It is an ambitious undertaking, one which will not succeed without people to work on the project, without facilities, without money. Work got under way a few years ago, and a part-time chief editor as well as an archivist and a typist were employed. One full-time editor was appointed in mid-1979. It is hoped that another will be appointed soon and that gradually a proper editorial staff will be assembled.

This is not enough, of course. This is not a job for a small group of lexicographers. It is a job for the people of Ireland in general. The project can only succeed with the co-operation of people and groups outside the Academy. Many people who would be eminently qualified for the work would not wish to be involved with it on a regular basis. Dinneen mentions over 60 people who helped him. This type of assistance will be needed. Highly-trained people are not the only ones who can help. Students or ordinary readers working under direction could help compile lists of words and idioms from certain districts or from certain authors, or lists dealing with specific subjects. Experts on scientific subjects as well as professional groups could help to compile lists of technical terms.

It is hoped to secure help from academic institutions – either financially or by affording students the chance to work on aspects of the project. Already University College, Dublin and the Department of Celtic in Queen's University, Belfast, have been of considerable assistance.

Now that the work has started, let us hope that the words of John O'Donovan need not be repeated by future generations. In the year 1848 he wrote:

> "*We are still left without a perfect dictionary ... and it appears very likely, from the depressed state of the country and the increasing apathy of the natives, that the present generation will pass without seeing one.*"

The Irish Language Corpus: Contents

The corpus is a collection of printed texts in Irish from 1600 till 1882. It was intended as a closed corpus, but a few texts came to light too late for inclusion on this CD-ROM. There are over 700 texts in all, from Uilliam Ó Domhnaill's New Testament (1602) down to samples of folk poetry dating to the end of the period, and indeed, well into the 20th century. It is based on c.1.2 million lines of running text, creating a data file of 47.2 megabytes in which there are 7.2 million words and c.600,000 *formae*. (See, however, the *caveat* on page 94). The Bible (Old Testament 3.8 megabytes, New Testament 1.3 megabytes) and the Annals of the Four Masters (2.53 megabytes) are the longest texts included.

Various types of text are represented. The material ranges across annals, genealogies, other historical documents, biographies, poetry, prose, Finn tales, romances, religious, legal, meteorological, and medical texts, lives of saints, translations of medieval European literature, etc. The full list of texts is recorded in the HELP file on the CD. The material is relevant to scholars outside the fields of Irish lexicography and the Irish language and it is to serve them primarily that the interface, the HELP file and the booklet are provided in English as well. Furthermore, it is to assist them, as well as the general public, that the Index *Nominum* is included.

Index *Nominum*

This contains a listing of all personal and place names occurring in the corpus. It should be borne in mind that this is a raw Index. The *nomina* are listed as they occur in the text (with initial mutations removed, where relevant), e.g. **Eoghan Ruadh Ó Néill** appears in the Index under **Eoghan** rather than **Ó Néill**. This does not impinge on placenames.

The following proper names are to be found in the general Index, rather than in the Index *Nominum*, since they are to be drafted in the Dictionary. **Dia, Íosa, Críost, Muire, Ádhamh, Éabha, Iúdás, Sátan, Róimh** (when it means **róimh adhlactha**, a burial place).

Departures from the Original Text

(i) Certain texts had already been keyboarded before the availability of circumflex and *grave* accents, and since a **síneadh fada** (lengthening accent) was intended, the acute accent symbol was used instead. e.g. **UJA 6 / 7, Ulster Journal of Archaeology**, where the *grave* accent is used in the original.

(ii) **Semi-phonetic texts**
In the early 19th century, a national programme of primary education was initiated with the introduction of National Primary Schools. However, it was forbidden to teach Irish in these schools. As a result, though people had some understanding of English spelling and pronunciation, they had none of these skills in their native language. To foster some knowledge of religion, catechisms and religious books were published in a semi-phonetic spelling, e.g. **L213, Machtnuig go Maih air; L325, Teagusg Créesdéegh Chun Aós óg no Leanavh do Heagusg; TT01, Seanmóir le Hugh McFadden.** To assist the user, these texts are provided in a standarized version, in addition to the original.

In the case of **L090, Fealsúnacht Aodha Mhic Dhomhnaill**, which has a similar "semi-phonetic" original, only the editor's standardised version is included in the corpus.

Omitted Material

(i) Material is included from compilations which cover a wider spectrum than that of this corpus. In those cases, only the texts from 1600 onwards, are included here. e.g. **L030, Irish Bardic Poetry; L267, Leabhar Branach.**

(ii) Texts were keyboarded with a solely lexicographical focus before it was decided to publish the corpus. Material which was not to be drafted in the Historical Dictionary, particularly placenames and personal names, was omitted. These elements are still excluded for lack of time and resources to restore them. e.g.in **L012, Eolas ar an**

Domhan; L304, The Genealogies, Tribes and Customs of Hy-Fiachrach; L247, An Leabhar Muimhneach. Happily, however, in the case of the Genealogies, a full Index of all names has been provided by Dr. Nollaig Ó Muraíle in his edition of **Leabhar Genealach. The Great Book of Irish Genealogies** by Dubhaltach Mac Fhirbhisigh. (de Búrca, 2004; forthcoming).

Dating within texts

It is necessary to alert users in regard to the dating of stanzas of poetry within certain texts, such as **L023, L024** and **L025, Acallamh na Senórach I, II, III.** Often, the language of the stanzas indicates a much earlier date of composition than that reflected by the date of the main body of the text. In such cases, the user should refer to the original text or use his/her own judgment. Further information in regard to dating can be found in the Reference section of the **Help** file.

Markup System

As stated earlier, the corpus was compiled in the first instance for lexicographical purposes, and it was with that in mind that the markup system was designed. In comparison with SGML[1], for example, it is a very simplified system.

Automated

A computer program has processed each text in the corpus, removing initial lenition and eclipsis, leaving each *forma* in its appropriate alphabetic place in the Frequency Index, e.g. **obair chloiche** appears under **obair** and **cloiche; seomra na mban** appears under **seomra, na** and **ban; bunadh na háite** appears under **bunadh, na** and **áite; ocht gcéad** appears under **ocht** and **céad.**

1 i.e. Standard Generalised Markup Language – an internationally recognised markup code.

Interactive

Where the standard rules of lenition and eclipsis were not applied, the changes have been made manually.

Compound words

It was decided that compound words would not be divided, and where they so appeared, they were to be linked. e.g. **óig-bhean** became **óig^-bhean**, where the symbol ^ negated the following hyphen; **ró-naomhtha** became **ró^-naomhtha**. Thus, in the Frequency Index, those examples appear under **óigbhean**, and **rónaomhtha** included with those of the compact spelling. However, the markup is hidden and they appear in the Concordance exactly in the form they occur in the text.

In the case of two words separated by a space, where it was judged to be properly a compound, they were linked by _, an underscore. e.g. **mór uaisle** becomes **mór_uaisle** and appears as such in the Frequency Index.

In the case of Irregular verbs, (See Dinneen's **Foclóir Gaedhilge agus Béarla** pp. 1309–1320), the verbal prefix was linked to the verb, either by means of an underscore, or by negating the hyphen, as required, e.g.:

> **do chuadhas > do_chuadhas**
> **do-chím > do^-chím**
> **at-chuala > at^-chuala.**

Where emphatic or demonstrative suffixes were affixed to the preceding word, they were separated by the symbol **+**, e.g.:

> **agaibhse > agaibh+se**
> **tugadarsan > tugadar+san**
> **an bailesi > an baile+si**

However, if the compound did not break naturally into two complete elements it was left unaltered, e.g.:

> **againne, leisean, tugaise.**

Words that have permanent lenition or eclipsis occur as such both in the Frequency Index and in the Concordance, e.g.:

> **bhur, cha, choíche, chomh, dhá, dtí,** etc.

The symbol $ appears before non-Irish words which were judged to be an integral part of the sentence. Many of these relate to legal, administrative, military or religious contexts. They are listed in alphabetical order in the Frequency Index, preceded by the dollar symbol.

Lemmatisation

As yet, the corpus has not been lemmatised. It is left to the ingenuity of the user to seek out information under whatever spelling he or she judges possible, e.g.:

> **aifreann.** See also **aifrionn, aifrind, aifrinn, aifreannaibh, aifrin, aifrion, aifriond, aifreannuibh, ceudaifrion, aifrionnuibh, céudaifreann, aithfreann, aithfrend, aithfrionn, aithfreand, aithfrinn, aithfrionn, oiffrinn, oiffrend, áonoiffrend, oiffrendaibh, oiffrind, oiffrionn, oiffrenn, oiffreann,** etc. (This list is not necessarily exhaustive, merely illustrative). Compound words such as **ceudaifrion, céudaifreann, áonoiffrend,** etc., above must be sought in the Frequency Index under the initial element or in the Reverse Index.

The decision not to divide compound words into their separate elements, and to link them where separate, had unfortunate repercussions for the lexicographer. Numerous "once-off" *formae* (word forms) were created, a feature referred to as "unstable compounds" in the Academy's **Dictionary of the Irish Language**. Cf. e.g.:

> **aon*, céad*, droch*, lán*, neamh*, neimh*, príomh*,** etc.

In addition to this type of prefix, numerous other "once-off" *formae* were created in poetry, and in prose texts such as **Acallamh na Senórach** where a bombastic style was much in evidence. To obtain a full listing of occurrences, therefore, it is necessary to use the Reverse Index as well as the Frequency Index. The markup system has created an artificially inflated number of *formae*, and a correspondingly reduced frequency listing, thus failing to reflect accurately the reality of the language. Approximately 50% of the *formae* in the Frequency Index occur once only. It has to be admitted, therefore, that these statistics are askew, and it will be necessary to correct this later.

The Computer Program: General description

In addition to the text on the CD-ROM, a computer program is provided, with the aid of which the word forms of the text may be accessed and viewed in their contexts.

This is not a detailed account of the use of the program – such an account will be found in the Help file on the CD-ROM. Rather, this is a short account of the capabilities of the program.

When the program is run, the user can choose either Irish or English as the language of interaction. When **Enter** is clicked, the main screen of the program appears.

The Word List linked to a Concordance

The program's main screen gives an alphabetic list of all the word forms in the text, together with frequencies. This list is presented in two ways: in normal alphabetic order, and in reverse alphabetic order, that is, in alphabetic order backwards from the end of the word.

> **Hint**: No lemmatisation has been performed on these lists, i.e. each different form of a word appears in its own place in the list. However, the forms have initial mutations removed where appropriate. If an error has been found in the text, the form may have been corrected in these lists, but the uncorrected form will always be shown in running text.

On double-clicking a word form from either list, a window appears showing the examples of that form. The upper part of this window contains a concordance of the examples, one example per line, in chronological order from the oldest to the most recent. The lower part of the window gives an extended context for the example that is highlighted in the upper part, together with the location of the example in the text. Buttons allow the contents of the lower part of the window to be saved to file. For copyright reasons, it is not possible to read the texts *in extenso*.

> **Hint:** It may be advisable to scroll both arrangements of the word list to the word form of interest in order to see the maximum number of related forms. One should also check the section of the Index with the prefix character $.

Other Tools Available on the Main Screen

Custom Search

If the information obtained on a word form through the predefined word list and its linked concordance is insufficient, **Custom search** may be used. This allows a real-time search of the text. The user has control over the parts of the text searched, the word forms to be searched for and the presentation of the results.

The text searched may be limited by text-ID (each text has its own text-ID), by date (in ranges of 33 years), by author (each author has a code), or by genre (prose, poetry or oral poetry). The word form to be searched for may be typed in and may contain wild cards.

There are three ways of presenting the results: as a **Word list**, as an **Index locorum**, and as a **Concordance.** If **Word list** is chosen, each form is accompanied only by its frequency. If **Index locorum** is chosen, the page and line number of each example is given. If **Concordance** is chosen, each example will be accompanied by an excerpt of context, just as in the predefined concordance. On exiting a concordance, you may opt to store it in a file in its entirety, in order to work with it again without the need to regenerate it. Correspondingly, when choosing **Concordance** under **Custom search**, you may choose between opening one that you have previously created and saved, and creating a new concordance.

> **Hint:** Under **Custom search**, it is recommended that you do not select all words in the chosen text, as this request may take a considerable amount of time to fulfil.

Texts

The **Texts** button appears on the program's main screen. If it is clicked, a full list of the texts is shown, with their text-IDs and their authors or editors.

Help

The **Help** button on the program's main screen opens a help file. This file is bilingual and consists of two sections: a tutorial section and a reference section. The tutorial section contains a full description of the use of the program. The reference section contains explanations of the codes used for texts, for authors, for dates and for genres, as well as other technical explanations.

Change of language of interaction

Another button on the program's main screen, labelled **Gaeilge** or **English** as appropriate, may be used to switch the language of interaction.

Exit

Clicking this button on the program's main screen exits the program.

Appendix

All those listed below took part at some time since 1982 in the FNG project, some for longer than others. The information was compiled from official records and from the recollection of two of my former colleagues, and, recognising that it may be incomplete, apologies are offered to anyone whose name may have been inadvertently omitted. FNG acknowledges their contribution to the Historical Dictionary and to this corpus over the past twenty years. But for them, Corpas na Gaeilge would not be appearing now, in 2004.

Temporary staff

Bhreathnach, Fíona, FÁS

Breathnach, Colm, scholar

Caomhánach, Michelle, FÁS

de Bhál, Máire, FÁS

de Bhaldraithe, Barra

de hÓra, Máire, scholar

de Róiste, Micheál, reader

King, Brian, FÁS

Mac Conghail, Étaín

Mac Gabhráin, Fiachra

Mac Giolla Léith, Caoimhín, scholar

Mac Pháidín, Cormac

Mac Pháidín, Pádraig

Mac Shamhráin, Brian, scholar

McGrath, Godfrey, FÁS

Móicléir, Derek

Ní Bhrádaigh, Máire, FÁS

Ní Chinnéide, Nicola

Ní Chribín, Íde, FÁS

Ní Chuinn, Carmel

Ní Drisceoil, Fíona, FÁS
Ní Éafa, Máire
Ní Loingsigh, Bernie, FÁS
Ní Uallacháin, Íde, reader
Nic an tSaoir, Carmel, FÁS
Nic Con Uladh, Jacqueline
Nic Con Uladh, Lynda, FÁS
Nic Craith, Caroline
Nic Ghabhann, Siobhán, scholar
Nic Giolla Bhrighde, Ailbhe, reader
Nic Pháidín, Elva
Ó Cadhla, Muiris
Ó Cearúil, Micheál, scholar
Ó Ciosáin, Niall
Ó Cuinn, Fionntán, FÁS
Ó Curnáin, Brian, reader
Ó Dubhghaill, Aodán, scholar
Ó Gealbháin, Séamus, reader
Ó Gruagáin, Diarmuid
Ó Liatháin, Pádraig
Ó Mistéil, Pól, FÁS
Ó hÓgáin, Cuán
Ó hÓgáin, Dónall
Ó hÓgáin, Ruairí
Ó Raghallaigh, Eoghan, reader
Ó Raghallaigh, Muiris, reader
Sweeney, Christopher
Toner, Greg

Uí Ghruagáin, Máire

Uíbh Eachach, Vivian, scholar

Walsh, Trisha, FÁS

Watson, Rhonwen, FÁS

White, Victoria, FÁS

Part-time computer staff

Aherne, Julian

Egan, Gerard

Feeley, Des

Gahan, Eamon

Jordan, Vincent

Kaye, Patricia

Keating, Gerard

McGann, Conor

McKinney, James

I am very grateful to Cáit Ní Chonaill and Máire Ní Dhálaigh for their assistance in compiling the above list.

Notes